몸,

몸,

초판 1쇄 발행 2024년 9월 24일

지은이 | 김관욱
펴낸이 | 조미현

책임편집 | 박이랑
디자인 | 디스커버

펴낸곳 | 현암사
등록 | 1951년 12월 24일 (제10-126호)
주소 | 04029 서울시 마포구 동교로12안길 35
전화 | 02-365-5051 | **팩스** 02-313-2729
전자우편 | editor@hyeonamsa.com
홈페이지 | www.hyeonamsa.com

ISBN 978-89-323-2385-5 03300

책값은 뒤표지에 있습니다. 잘못된 책은 바꾸어 드립니다.

몸,

살아내고 말하고
저항하는 몸들의 인류학

김관욱 지음

헌암사

들어가며 **세 개의 몸,
그리고 목소리 인류학**

장면 하나_지하철 속 무거운 몸

토요일 낮이었다. 퇴근길, 가족과의 꿀맛 휴식을 상상하며 지하철을 탔다. 여느 때처럼 이어폰을 귀에 꽂고 전날 다 못 본 영국 시트콤 영상을 틀었다. 그때 시야에 장애로 걸음이 힘든 중년 남성이 들어왔다. 온몸이 딱딱한 나무처럼 굳은 듯 힘들게 몸을 끌다시피 걷고 있었다. 그는 희망을 부탁하며 코팅된 안내문을 앉은 사람들에게 돌렸다. 그리고 고개 숙인 시민들 사이로 다시 안내문을 걷어가기 시작했다.

그런데 그가 어렵사리 허리를 굽혀 안내문을 들고 일어서던 찰나 지하철이 급가속했다. 순간 그의 굳은 다리는 제대로 반응하지 못했고 몸이 부사비한 중력에 이끌렸다. 쿵 왼쪽 얼굴과 몸이 그대로 바닥을 향해 낙하하듯 쓰러졌다. 승객들의 탄식이 터졌다. 짧은 정적과 함께 순간 모든 것이 정지됐다. 그 역시 죽은 듯 미동조차 없었다. 몇몇 승객들이 침묵을 뚫고 달려갔다. 그를 일으켜 세우고 빈자리에 앉혔다. 그 순간 내 시선은 그의 눈으로 향했다. 눈물이 흐르고 있었다. 표정은 굳어 있었지만 넘쳐 나오는 눈물로 충분히 그 마음을 읽을 수 있었다.

집에 돌아온 후 몇 분에 그쳤던 그 장면이 계속해서 떠올랐다. 눈물과 함께 떨구어진 그의 고개, 그리고 반대편에서 스마트폰 화면으로 떨구어진 나의 고개. 그를 정말로 아프게, 서럽게 만든 것은 무엇일까? 몸으로 거부하기 힘든 물리적 중력 때문일까 혹은 불편한 몸을 지하철 안으로까지 끌고 온 세상의 어떤 모진 외력 때문일까? 그것도 아니면 주변의 시선들 때문이었을까? 머릿속에서 '무겁다'라는 단어가 떠나질 않았다. 연신 그의 몸도, 나의 몸도 무겁게만 느껴졌다. 그 무거움이란 몸이 마치 단단한 갑옷을 입은 듯한 느낌이었다.

그렇다면 나는 과연 자유롭고 가벼운 몸이었을까? 정말 무거운 것은 그의 몸이었을까 혹은 나의 몸이었을까? 아니면 사회가 우리 모두의 몸을 무겁게 만든 것일까? 만일 그렇다면 그 갑옷은 누구의 작품이며, 또 누구의 소유일까? 무거움의 근원은 물리적인 것일까 혹은 정신적인 것일까? 아니면 사회적인 것일까? 질문은 끊이지 않았다. 지금 이 순간에도 내 몸은 아직 그 지하철을 떠나지 못하고 있다.

장면 둘_멈출 수 없는 택배기사의 몸

출근을 앞두고 여느 때와 같이 간밤의 뉴스 기사들을 확인하고 있었다. 한 택배기사의 사망 소식에 시선이 멈췄다. 40대 후반의 택배기사는 2020년 10월 8일 오후 4시 30분경 강북구 미아동에서 택배를 배송하던 중 호흡곤란과 가슴 통증으로 쓰러졌다. 구급차로 후송 중에 심정지가 발생했고, 병원에 도착해 응급처치를 받았지만 결국 오후 7시 30분경 사망했다고 한다. 여기서 나를 더욱 가슴 아프게 만든 것은 70대 후반의 아버지가 아들의 휴대폰을 꼭 쥐고 있던 모습이었다.

고령의 아버지는 황망한 상황 속에서 사경을 헤매는 아들을 대신해 '택배가 왜 오지 않느냐'는 고객들의 문의 전화에 답변을 주었던 것이다. 아버지는 반복해서 아들이 지금 어떤 상황인지 확인시켜주고 택배 지연에 대해 답변했다. 죽음 앞에서도 택배는 여전히 배송 중이어야만 했다. 아들이 쓰러진 바로 그날은 그 아버지가 지역 복지관에서 한 달에 열흘 청소를 하고 27만 원을 받는 일자리에 1년 만에 다시 출근한 날이었다. 고령의 아버지가 다시 출근하게 된 첫날 쉼 없이 달려야만 했던 아들이 세상을 떠난 것이다. 후속 기사를 통해 아들의 영정사진을 품에 안고 있는 아버지의 모습을 보았다. 무너져 내린 그의 감긴 눈 사이로 굵은 눈물이 선명했다.

택배기사가 마지막 배송을 하던 시역은 나의 집 근처였다. 당시 코로나19 탓인지 늦은 밤 엘리베이터 문이 열리는 소리와 함께 현관문 밖으로 택배를 놓고 급하게 이동하는 소리를 자주 들었다. 그가 쓰러지기 일주일 전은 택배량이 급증한 추석 연휴였으니 그의 발걸음도 쉴 틈이 없었을 것이다. 혹시 내가 들었던 여러 발걸음 소리 중 그의 것도 있었던 건 아니었을까. 그 문 하나를 두고 과연 누구의 몸이 더 급했을까. 나였을까 아니면 그였을까. 그는 왜 그토록 멈출 수 없었을까. 도대체 무슨 죄를 지었기에 신화 속 인물처럼 높은 건물 계단을 끝없이 오르고 내려야만 했을까. 그의 몸에 걸린 저주에 혹시 나의 것은 없었을까.

장면 셋_ 빨간 조끼 속 몸

유학 시절 콜센터 여성상담사에 대한 박사 논문 초고를 마친 어느 저녁이었다. '아빠, 나 콜 수 못 채웠어'라는 제목의 기사를 접하게 됐다. 2017년 1월 22일 전북 지역의 한 콜센터에서 5개월 '취업 연계형' 현장실습을 하던 특성화고 3학년 여고생이 안타깝게 스스로 생을 마감한 소식이었다.

콜센터 박사 논문을 마치며 이제 어느 정도 한국을 파악했다며 한숨을 돌리던 그때 더 큰 질문 앞에 마주하게 됐다. "그 학생을 떠민 건 견딜 수 없는 수치심이었을까, 혹은 짊어지고 있었던 무거운 현실의 무게였을까?" 그리고 그에 앞서 2014년 10월 22일 민원부서 팀장 30세 남성이 "부당한 노동 착취 및 수당 미지급이 있다"라는 내용의 유서를 남기고 생을 마감한 사건이 있었다. 그가 일하던 콜센터는 여고생이 근무했던 바로 그곳이었다. 악성 민원고객 때문에 그곳에서 퇴직했었지만, 6개월 만에 재입사한 후 부당한 대우를 참지 못하고 일주일 만에 극단적 선택을 하였다. 2017년 한 방송국을 통해 해당 여고생이 다녔던 콜센터에 대해 방영되었다.[1] 같은 하청업체 콜센터 직원의 진술은 이러했다. "여기는 업무 중에도 실적이 안 나오면 키보드 던지고 불러서 욕하고 면전에다가. 사람이 견뎌내기 힘든 업체였다." 바로 이 여학생이 2023년 3월 개봉한 영화 『다음 소희』(정주리 감독)의 주인공 '소희'다. 영화에서는 여학생의 죽음과 30세 남성의 죽음을 연속된 사건으로 재구성한다. 감독은 한국 사회의 모든 제도와 법이 이들의 죽음에 어떻게 연루되어 있는지 보여주었다. 학교도, 교육청도, 노동청도, 그리고 경찰도 "누구 하나 책임지는 사람 한 명이 없다"라며 절규하던 경찰(배두나 역)의 울부짖는 모습으로 말이다.*

---

* 영화가 출시되고 2023년 3월 30일 '직업교육 훈련촉진법' 등 소위 「다음 소희 방지법」이 국회를 통과하였다. 사건이 발생했던 2017년 1월 이후로 5년이라는 시간이 흘러가고 나서야 영화의 힘을 빌려 법안이 통과된 셈이다. 영화에는 담기지 않았지만, 두 명의 죽음은 슬프게도 법과 제도로 연결되어 있었다. 2017년 1월 여고생의 죽음이 있고 난 뒤 지지부진했던 「감정노동자 보호법」이 2018년 10월 뒤늦게라도 통과되었다. 그리고 이로 인해 30대 남성의 죽음이 4년 2개월 만인 2018년 12월에 '업무상 질병에 따른 사망'으로 산업재해 판정을 받을 수 있었다. 사실 30대 남성은 자신을 죽음에 앞서 유서를 통해 콜센터의 현실을 폭로함으로써 '다음 소희'의 안타까운 삶을 막고자 했다. 그의 사후 아버지가 유서를 근거로 노동부에 신고를 했지만, 끝내 검찰의 불기소로 끝나고 말았다. 그렇게 그의 죽음은 또 다른 상담사의 죽음을 막을 수 없었다. 하지만 여학생의 죽음이 결국 남성의 죽음을 산업재해로 인정받게 만들어 주었다. 이렇게 서로가 법과 제노 속에서 연결되어 있었다.

들어가며　9

그녀가 그곳에서 '방어'해야 할 것은 진정 무엇이었을까? 회사의 이윤? 고객의 편익? 그 이유는 2018년 이어서 방송된 다큐멘터리를 통해 자세히 밝혀졌다.[2] 특성화고 학생으로서 그녀가 끊을 수 없었던 것은 고객 전화와 과도한 업무량만이 아니었다. 높은 취업률을 자랑하던 학교는 현장에 적응하지 못하고 학교로 돌아온 학생들에게 징계조치로 '빨간 조끼'를 입혔다고 한다. (학생의) 수치심으로 (학교의) 실적을 방어한 셈이다. 친구의 증언에 따르면, 당시 그녀는 "힘들다고 이야기하는 건 자기가 나약하다는 걸 드러내는 거고 그러면 주변 사람들이 깔봐. 그러니 너도 힘들다고 하지 마."라고 말했다고 한다.[3] 결국 그녀는 '멸시받지 않기' 위해 또 다른 '멸시를 받아낸' 셈이다. 그저 하나의 수치심으로 다른 수치심을 대체한 것일 뿐이다. 결국 그녀는 학교가, 업체가, 그리고 사회가 지켜주지 못했던 자신의 인격을, 존재가치를, 자존감을 스스로 지키고자 했다. 그녀는 이미 빨간 조끼를 입고 있었는지 모른다. 아니 애초에 조끼가 필요 없었을지 모른다. 타인을 바라보는 우리의 눈에 빨간 색안경이 씌워져 있다면 말이다.

지금까지 세 장면 속 몸들을 이야기했다. 모두 나의 일상에서 예고 없이 등장하는 장면들이다. 누군가의 몸의 무게가 한없이 버거워 보일 때, 혹은 누군가 땀을 닦을 겨를도 없이 바삐 움직일 때, 그리고 누군가 모멸감을 견뎌내고 있는 모습을 볼 때마다 더욱 뚜렷하게 생각난다. 순간의 경험이었지만, 나는 이들 몸의 슬픈 잿빛 속에서 무지갯빛 아우라를 느낄 수 있었다. 그 경험에 이끌려 이 글을 쓰게 된 것인지 모르겠다. 프랑스 사회학자 피에르 부르디외(Pierre Bourdieu)는 재산 많고(물질자본), 학벌 좋고(문화자본), 가문과 인맥이 좋은(사회자본) 사람은 몸에서 마치 아우라가 빛나듯 상징자본을 가지고 있다고 묘사한다. 그걸 품격, 품위, 격조 등이라 부르기도 할 테다. 이 말인즉슨, 재산도, 학벌도, 인맥도 없는 사람들은 아우라가 아닌 잿빛 어둠을 지닌 듯 비칠 수 있다는 뜻일지 모른다. 그래서 부르디외는 상징자본을 상징적 폭력과 상징적 권력의 근거로 보지 않았던가.[4]

그렇다면 앞서 소개한 세 장면 속 몸들로부터 아우라를 기대할 수는 없을 것이다. 그런데도 나는 그들에게서 무지갯빛 아우라를 보았다. 눈물을 통해서였다. 나는 그들의 이야기를 눈물 없이 듣고 볼 수 없었다. 그들 몸에 사회가 드리운 잿빛은 그 '눈물'을 통과한 순간 잿빛을 구성하던 파장들이 굴절되고 분산됐다. 그렇게 무지갯빛으로 나에게 도착했다. 한순간의 착각일지 모르지만, 그 기억은 정말 오랫동안 잊히질 않는다.

몸의 반향, 그리고 목소리 인류학

그 눈물의 경이로움 앞에 나는 어떤 설명을 보탤 수 있을까. 인류학자로서 현장을 떠돌며 느낀 것은 아무리 많은 사실을 학습하고, 잘 설명할 수 있다 하더라도 몸은 그리 쉽사리 변할 수 없다는 점이었다. 그래서 나는 다른 방법을 택했다. 다른 유형의 목소리를 쫓아가려 시도하기로 했다. 일상에서 '몸'이 보여주고 들려주던 소리 말이다. 의료사회학자 아서 프랭크의 표현처럼 일종의 '몸의 증언'을 듣고자 했다.[5] 척수종양으로 장애의 몸을 가지게 된 로버트 머피 인류학 교수는 이후 세상과의 마찰 속에서 크고 작은 '반향'(antiphony)의 소리들을 직접 경험하게 되었고, 자신을 '침묵하는 몸'이라 불렀다.[6] 나는 책 전체를 통해 프랭크와 머피가 겪었던 그 다양한 몸의 이야기들을 소개하려 한다.

벨라루스 출신 작가 스베틀라나 알렉시예비치는 1986년 우크라이나 체르노빌 핵발전소 폭발 사건의 피해자들을 다룬 소설 『체르노빌의 목소리』로 2015년 노벨문학상을 수상했다. 이런 그녀의 소설을 '목소리 소설'(Novels of Voices)이라 부른다.[7] 기사가 전달해주지 못한 아픔의 목소리들을 소설이라는 형식을 빌려 생생히 들려주려 한 것이다. 실제로 그의 소설은 가상의 현실이 아니었다. 오히려 반대로 현실의 고통을 더욱 큰 목소리로 독자에게 전달했다.

나는 나의 글들이 알렉시예비치의 소설처럼 하나의 '목소리'이기를 바라본다. 몸에 거주하며 그 몸이 뒤틀리는 것을 모른 채 살아가는 이들에게 그 몸이 짊어온 오래된 새 이야기들을 들려주는 '목소리 인류학'이었으면 한다. 사회에 만연한 잿빛을 전부 걷어낼 수는 없을지언정 그곳에서 언제든 아우라가 발광할 수 있는 몸들이 존재한다는 것을 보여주고 싶다. 우린 몸에 대해 정말 너무나 많은 것을 아직 모르고 있기 때문이다.

물론 지금 당장이라도 우리가 모두 조금만 몸을 기울여 다가가면 일상은 온통 아픈 몸들의 소리 없는 반향으로 가득 차 있음을 감지할 수 있다. 아파도 애써 담담한 척하는 몸. 숨이 차올라도 별일 아닌 듯 다음 배송지로 이동하는 몸. 온갖 가시 돋친 답변들에도 웃으면서 전화를 끊지 않는 몸. 그 몸들은 미세한 눈가의 떨림으로, 숨도 쉬기 버거운 몸놀림으로, 날카로운 시선 앞에 위축된 어깨로 우리에게 말을 걸고 있다.

이 책은 수없이 많은 몸들이 '살아내고, 말하고, 저항하는' 울림들을 기록한 것이다. 수족처럼 부리던 몸뚱이가 아니라 삶의 근본인 몸에 대한 이야기다. 그동안 조연으로 내몰렸던 몸을 다시금 삶의 주인공의 자리에 놓고 싶었다. 그 이야기는 크게 네 개의 줄거리로 구성하였다. 1부에서는 몸을 '모르는' 사회를 다룬다. 통상 몸을 보편적인 생리적·화학적·생물학적 존재로 이해하지만, 그것은 몸을 너무나 모르는 이야기다. 몸은 문화를 통해 언제든 다른 존재로 부각된다. 그 경계선은 부패하는 신체의 영역도 넘어서기도 하며, 개별적 신체의 영역도 초월하는 치유적 존재이기도 하다. 2부에서는 몸을 '증강시킨' 사회를 소개한다. 슈퍼인간이 되기를 희망하는 인류의 욕망은 몸을 화학적 수용체로 둔갑시켰다. 그 결과 온갖 약물과 물질의 발명으로 본래 몸이 지닌 한계를 변화시켜 왔다. 그 과정에서 피로와 배고픔, 그리고 고통을 잊어야만 하는 존재로 변형되어 온 현실을 보여줄 것이다.

반대로, 3부에서는 몸이 '변혁시킨' 사회를 다룬다. 인류의 역사가 무지와 욕망 속에 몸에 폭력을 가하는 동안 몸은 그 스스로 생존의 길을 선택한다. 폭력에 짓밟히면서도 몸은 감춰둔 (혹은 인간이 이성으로 이해하지 못하는) 자신만의 지혜로 인간에게 해결책을 제시한다. 끝으로 4부에서는 몸에 '거주하는' 사회를 이야기한다. 그동안 인류학자로서 목격하며 배운 몸의 근간에 대해 말하고자 한다. 언제나 보이고, 관계 맺고, 살아내고 있는 몸은 항상 자세이자, 공간이며, 시간이다. 그 결과 몸이 곧 드라마임을 보여줄 것이다.

　이 모든 이야기의 끝에 도달했을 때 독자들이 자신의 몸과 타인의 몸에 대해 새로운 드라마를 각색하고 꿈꿀 수 있기를 바란다. 나는 '목소리 인류학자'가 되고자 그동안 일상에서 말이 아닌 몸이 들려주는 울림을 찾으려 했다. 인류학자로서 일상과 일상의 기록 속에서 나는 여러 몸들이 쏘아주는 그 행동,

자세, 미세한 움직임 하나하나에서 켜켜이 쌓여 온 오래된 문화의 흔적들에 주목했다. 이 책은 그러한 탐구의 여정에서 적어놓은 일기와도 같다.

  나는 몸이 왜 문화의 존재 기반일 수밖에 없고, 또 그것이 모두에게 일종의 구속이자 또한 희망이 될 수 있는지 찾으려 했다. 나와 타인의 몸에 대한 청력이 커지고, 모두의 몸이 단 1도라도 기존의 방향을 틀어 귀를 기울이고, 나아가 몸을 기울일 수 있기를 희망하면서 말이다.

목차

들어가며 세 개의 몸, 그리고 목소리 인류학   5

1부 몸을 모르는 사회

1. 문화라는 렌즈로 굴절되는 몸   21
2. 통증은 보편적인 것일까   37
3. 영혼이 부패하지 못하게 시신을 보호하라   48
4. 우리는 함께 존재하는 것만으로 치유된다   61

2부 몸을 증강시킨 사회

1. 슈퍼인간, 혹은 좀비   75
2. 설탕, 그 달콤한 폭력   90
3. 담배 이전의 몸, 담배 이후의 인류   105
4. 통제할 수 없는 상처, 통제하는 식욕   123

3부   몸이 변혁시킨 사회

1. 우리 몸이 발명해낸 질환, 체념증후군   141
2. 포옹은 어떻게 세상을 바꾸는가   154
3. 최면과 선동이라는 터널을 벗어나는 법   166
4. 몸이 기억하고 말하는 폭력   178

4부   몸에 거주하는 사회

1. 보이는 몸, 몸의 자세가 곧 문화다   191
2. 관계 속의 몸, 집이고 때로는 감옥이 되는   205
3. 문화적 시간이 흐르는 몸, 드라마가 되다   223

나오며   몸들의 목소리, 결국 드라마다   245
주석   250

1부

몸을 모르는 사회

1. 문화라는 렌즈로 굴절되는 몸

"어머, 저기 함흥차사 선생님 왔다."

함흥차사. 전공의 1년 차 시절 내과 파견 당시 응급실에서 날 부르던 별명이었다. 응급실 당직날 내과 환자가 방문할 때면 내가 환자와의 대화에 너무 많은 시간을 투자한다고 붙여진 별명이다. 환자와 보호자의 말을 쉽게 끊지 못하고, 질문도 너무 많다고 생각한 것일 테다. 바쁜 응급실에서 환자를 빨리 '처리'해야 하는 상황에서 나의 꼼꼼함은 시간 때우기 혹은 무능력처럼 느껴졌을지 모른다. 잔뼈가 굵은 응급실 근무자들의 눈에 나의 진료는 불필요한 것 투성이로 보였을 수도 있다. 하지만 그 '불필요하다'고 여겨지는 것들, 쉽게 삭제되고 나아가 무관심의 대상이 된 그 부분에 대해 나는 경계하고 싶었다.

물론 당시 미진했던 나의 능력 때문이겠지만, 의과대학 졸업

반 시절 고열이 지속되는 아버지를 대했던 나의 미숙한 대처에 대한 기억 때문이었다. 흔한 몸살감기 정도로 생각하고 넘어갔던 아버지의 상태는 사실 담관염에 의한 고열이었고, 그 원인은 담관을 막고 있던 암 덩어리 때문이었다. 아버지는 아들의 오만한 무관심 속에 며칠을 고열과 황달에 시달리셨다. 당시 첫 진료를 해주셨던 내과 선생님은 "어떻게 이렇게 뚜렷하게 보이는 황달기를 보고도 모를 수 있냐"라고 혼내셨다. 그제야 온몸이 짙은 노란색으로 변해 있던 아버지가 보였다. 바보 같이 난 그것을 그저 햇볕에 좀 탄 것쯤으로 넘어간 것이었다. 나의 무관심과 편견 속에 노란색이 갈색이 되어 버렸다.

당시의 기억은 같은 몸이라도 보는 사람에 따라 전혀 다르게 보일 수 있다는 매우 중요한 사실을 깨닫게 해주었다. 이것은 단순히 부주의나 관점의 차이를 뜻하는 것이 아니다. 나는 이것을 좀 더 적극적인 선택과 배제의 문제라 생각한다. 개인의 수준에서는 편견에 그칠 수 있지만, 집단의 차원에서는 사회적 가치에 대한 (암묵적) 합의 혹은 (자연스러운) 학습의 결과일 수도 있다. 인류학자가 된 지금은 개인의 편견을 넘어 '사회에 공유되고 있는 편견'이 아픔에 대해 어떻게 작동하고 있는지를 파악하려 노력한다. 이것은 인류학에서 다루는 '문화'에 대한 정의에서부터 출발한다. 문화란 일반적으로 "특정한 인구집단에서 학습된 생활양식의 총체"[1]라고 정의할 수 있다. 여기서 핵심은 문화가 집단 내에서 '공유'된다는 사실이다. 물론 그것은 공유된 관심이다. 이 말은 반대로 집단 내에 '공유된 무관심'이 존재한다는 뜻이기도 하다. 특정 문화권에는 무관심의 영역, 보고도 보지 못하는 영역, 혹은 보아야 할 가치가 없는 것으로 치부되는 영역이 집단 안에서 공유되고 있다는 사실이다.*

아주 단적인 예로, 한국의 길거리에서 임신한 산모가 담배를 피우거나, 유모차를 끌면서 보호자가 담배를 피우고 있으면 주변 사람들의 관심을 끌 가능성이 매우 높을 것이다. 하지만 영국에서 (적어도 10년 전 내가 공부를 했던 곳에서는) 산모가 길 위에서 흡연을 하거나 유모차를 끌면서 부모가 흡연을 해도 많은 사람들이 무관심했다. 이러한 차이에 대해 다양한 해석이 있을 수 있지만**, 분명한 것은 두 나라의 시민들이 공유하는 보편적 생활양식에 엄연한 차이가 존재한다는 사실이다. 박사 시절 나는 영국의 지도교수에게 산모의 흡연에 영국 사람들이 눈길을

---

* 물론 문화는 학습되고 공유되기도 하지만, 항상 변화의 과정 속에 있다. 그래서 나는 모든 문제를 문화의 문제로 환원시키는 '문화 환원론'이라든지, 피할 수 없으니 받아들이라는 '문화 숙명론' 시각은 피하고자 한다. 문화는 타인의 몸을 바라보는 사회 속 여러 체제(regime) 중 하나일 뿐이다. 예를 들면 경제체제, 정치체제, 문화체제, 정동(affective) 체제 등 다양한 기준들이 존재한다(물론 혹자는 이 모든 것이 문화적 산물이라 치부할지도 모르지만 말이다).(참고: Baker, J., Lynch, K., Cantillion, S., & Walsh, J. (2009). Equality: From Theory to Action. Palgrave Macmillan, London.)

** 영국 북동부 잉글랜드 지역에서 산모의 흡연 행위는 그리 드문 일이 아니었다. 그곳에서는 임신 전 흡연 행위를 임신 중에 중단하는 경우가 50%도 채 되지 않는다고 한다. 박사 지도교수였던 더럼 대학 인류학과 앤드루 러셀 교수는 그 이유에 대해 문화인류학적 연구를 진행해 왔고, 그 이유 중 하나가 흡연이 아이를 쉽게 출산할 수 있게 해준다는 오래된 '믿음'이 존재한다는 것이었다. 실제로 임신 중 흡연은 태아에 산소 공급을 제한시켜 저체중을 초래할 수 있다. 즉, 아이를 쉽게 출산할 수 있다는 말은 어떻게 보면 맞는 이야기이다. 다만 그것은 아이가 제대로 성장하지 못해 저체중으로 작게 태어났기 때문일 것이다.

주지 않는 것이 '무관심'인지 '개인 선택에 대한 존중'인지 물어본 적이 있다. 선뜻 답하기 어려운 질문이었지만, 적어도 '존중'이라는 해석은 적합하지 않다는 데 동의했다. 영국에서 흡연은 이미 '계급의 지표'로 받아들여질 정도로 가난한 사람들의 나쁜 습관 정도로 치부되고 있었기 때문이다. 10년 전 영국에서 유학을 하기로 마음을 먹었던 가장 큰 이유 중의 하나가 바로 이러한 문화적 차이를 체험하고 싶어서였다. 특히, 영국은 잘 알려져 있듯 전 국민 무상의료서비스인 NHS(National Health Service, 국가보건의료서비스)라는 제도가 확립된 곳이었고, 나는 한국과 다른 이 제도의 특징을 직접 느껴보고 싶었다.

당시 나는 유학생이면서 동시에 의사로서 한인 커뮤니티(유학생들과 그들의 가족, 현지의 파견근로자, 교포)의 병원 진료를 도울 기회가 적지 않았다. 이를 통해 직간접적으로 영국 의료진의 시선에 비친 한국인의 몸을 경험할 수 있었다. 그 모든 사연을 전달할 수는 없지만, 몇몇 사례만 예를 들어보겠다. 당시 진료했던 환자 중에 충수돌기염을 제때 진단하지 못해 복막염으로 악화된 사람이 있었다. 결국 뒤늦게 수술을 받았지만 수술 하루만에 배액관을 지닌 환자를 집으로 돌려보내 수술 부위에 농양이 생겨 두 달을 넘게 고생한 사례였다. 당시 수술은 수술방에 상주하는 외과의사가 담당했고, 수술 후 관리는 내과 전공의가 하고 있었다(이것부터 한국과 달랐다. 한국은 수술도 수술 후 관리도 외과의사가 담당한다). 환자 보호자는 수술 다음날 바로 퇴

원하라는 이야기를 들었다며 나에게 빨리 와달라는 요청을 했고, 황급히 달려가 내과 전공의와 면담을 했다. 그때 불쾌해하던 그의 눈빛이 아직도 기억이 난다. '한국의 의사가 왜 이곳에서 개입하려 하냐'라는 듯한 못마땅한 표정이었다. 나는 그에게 "의학 교과서는 영국이나 한국이 다르지 않다"라고 항변하며 퇴원이 너무 성급하다는 의견을 최대한 정중하게 전달했다. 하지만 결국 환자는 다음날 집으로 귀가 조치되었고, 그렇게 제대로 관리되지 못한 수술 부위 상처와 배액관으로 농양이 발생하게 된 것이었다.

이 외에도 아이가 고열이 멈추지 않아 병원을 방문하여 우여곡절 끝에 가와사키병(급성 열성 혈관염)으로 진단을 받았지만, 병원에서는 동아시아의 풍토병이라 잘 모르니 유학생인 나에게 설명을 해달라고 한 경험도 있었다. 병명만 일본 의사의 이름을 사용했을 뿐 질병은 전 세계 어디에나 있는 병인데도 동양인만 걸리는 병으로 오인받은 것이었다. 이 병은 영국 아이의 몸에도 엄연히 발생할 수 있는데도 말이다. 또 어떤 날은 충수돌기염이 의심되는 아이와 함께 응급실에 동행해서 하룻밤 동안 의사가 오기만을 기다린 적도 있었다.

물론 병원에서 인종차별을 당한 경험(검사 시 통증을 호소하는데 '개가 짖는다'라고 하는 등)도 있었다. 이렇게 다양한 의료현장을 경험하면서 나는 동양인이 마치 '귀찮은 환자' 정도로 여겨진다는 느낌을 받곤 했다. 물론 현대의학의 현장 어디에서든

환자는 빨리 해결해야 하는 과제(약자로 'GROP'[=get rid of patient]
로 부르기도 한다)[2]로 치부되는 경향이 있다. 이는 한국도 예외는
아닐 것이다. 게다가 무상의료를 제공하는 영국에서는 비용을
최소화할 수 있는 '경제적인' 병원 운영이 불가피했을지도 모
른다.

국경에 따라 달라지는 아픈 몸

나는 이런 특징이 나의 개인적 경험에 국한된 것이 아님을 미
국 의학전문기자인 린 페이어가 쓴 『의학, 과학인가 문화인가』
를 통해 깊이 이해할 수 있었다. 그녀는 독일, 프랑스, 미국, 영
국, 이 네 국가의 서로 다른 의학적 시선에 대해 비교하며, 각각
의 특징을 '낭만적인 의학'(독일), '생각하는 의학'(프랑스), '공격
적인 의학'(미국), '경제적인 의학'(영국)이라 소개한다. 첫 출간
이 1988년이고 이후 1996년에 개정이 되었으니 최근의 이야기
는 아닐지 모른다. 하지만 페이어의 지적은 아픈 몸이 '국경'을
사이에 두고 전혀 다른 몸으로 취급될 수 있다는 사실을 이해하
는 데 여전히 유효하다.

"다른 나라의 의료문화를 살펴보면서, 나는 지금의 의학이 의
학 발전에 따른 불가피한 결과가 아니라, 의식적이든 무의식

적이든, 우리가 내리는 선택의 결과라는 사실을 알게 되었다. 또한 이러한 선택은 우리들 내부에 깊이 자리 잡고 있는 문화적 편견에서 비롯된다는 사실도 깨닫게 되었다."

"진단과 치료방법은 과학이 선택하는 것이 아니다. 물론 과학적인 방법을 통해 연구를 수행해 어떤 특정 치료나 의료행위가 득이 되는지 해가 되는지 보여줄 수는 있지만, 혜택과 위험을 가늠할 때는 항상 문화적인 저울로 무게를 잰다."[3]

페이어는 과학의 꽃으로 불리는 의학이 엄밀하게 의학 교과서에만 의존하는 것이 아니라 문화마다 공유되는 '관례'를 따른다는 점을 지적한다. 치료방법의 득과 실을 따질 때 반드시 '문화적 저울'이 개입한다는 이야기다. 실제로 초판이 나왔었던 1988년만 해도 의학의 약 15% 정도만 과학적 근거를 두고 있다고 추정되었고, 개정판이 나온 1996년에도 약 25% 정도에 그친다고 언급한다. 이에 대해 그녀는 영국의 사례를 예로 든다. 미국인들이 첨단 의료장비를 이용해 가능한 많은 진료를 시행하는 것을 바람직하다고 생각하는 반면, 영국은 검사, 처치, 수술 등 모든 진료를 가능한 적게 시행하는 편인데 그 이유가 영국의 의료보험체계가 의사에게 비용절감을 압박하기 때문만은 아니라고 설명한다. 그녀는 그보다 그 나라의 가치체계가 더 큰 영향을 준다고 보았다.

페이어는 영국 의학의 가장 두드러진 특성을 경제성이라 말한다. 영국인들은 무엇이든 가능한 적게 하려는 경향을 보인다. 검사도 훨씬 적게 하며, 처방하는 약도 적고, 수술의 빈도마저도 적다. 그녀는 이러한 관행 때문에 영국에서 환자가 의사에게 아프다는 진단 자체를 받는 것도 쉽지 않다고 지적한다(이러한 지적 역시 30~40년 전 자료에 기반한 주장이며, 페이어가 미국 작가라는 점도 분명 무시할 수는 없을 것이다). 물론 여기에는 영국의 무상 의료체계에서 의사가 많은 환자를 보고, 검사 및 치료를 많이 시행할 금전적 동기가 없기 때문일 수도 있을 것이며, 불필요한 의료재정의 낭비를 최소화해야 하는 선택의 문제도 무시할 수 없을 것이다.

하지만 페이어는 영국 사회에 뿌리내린 '경험주의 철학'의 전통을 지적한다. 특히 영국 철학자 프랜시스 베이컨(Francis Bacon)이 주장한 '세계를 통해 사고를 전개하고 이를 위해 사회가 노력해야 한다'라는 관점이 이어져왔다고 본다. 즉 추상성보다는 구체성에, 이론보다는 경험에 주목하는 것이다. 그 결과 새로운 의학적 발견과 그에 따른 치료방법의 적용에 대해 매우 보수적이다. 페이어는 이것이 신종 치료법을 적극적으로 광범위하게 적용하려 하는 미국과 대조를 이루는 측면이라 지적한다.[4] 이러한 측면 때문에 영국의 의사들은 모든 진단과 검사, 치료를 매우 보수적으로 최소화하며, 환자들 또한 이에 특별히 거부감을 제기하지 않는다고 본 것이다.

여기서 흥미로운 점은 페이어가 영국인들의 심성을 언급한 부분이다. 영국인들이 일반적으로 감정의 동요를 겉으로 드러내는 것을 바람직하지 않게 본다. 어떤 경우에도 이성을 잃지 않은 채 냉정을 유지하는 자기통제력을 사회적 미덕으로 생각한다는 것이었다. 이러한 성향은 '최소한'의 진단을 추구하는 영국의사들이 특정한 질병만은 유난히 많이 진단하고 치료하는 상황으로 이어졌다고 보았다. 그것은 극도의 흥분, 활동성 증가, 부풀린 자아존중감 등을 동반하는 조증을 심각하게 받아들이는 점이다. 그 결과 신경안정제의 사용률이 상대적으로 높았다. 또한 우울증 진단 역시 훨씬 많이 내리는 편이며, 이것에 대한 치료제 선택에 있어서도 항우울증 약을 써서 기분 좋은 상태를 만들기보다는 진정제를 써서 가라앉히려는 경향이 강하다고 한다.

환자들의 경우도 자신의 절제력 부족이 인간관계에 악영향을 미칠지도 모른다는 두려움으로 인해 신경안정제의 장기 복용을 끊지 않는다고 여겼다. 페이어는 같은 맥락에서 영국에서 마취와 통증 분야가 특별히 발달했다고 말한다. 각종 중독 관리 및 통증완화 목적으로 강력한 마약성 진통제 사용도 꺼리지 않는다. 페이어는 이에 대해 영국인들이 통증 자체보다 그로 인해 자기통제력을 상실할지도 모른다는 우려가 크기 때문이라고 보았다.[5]

페이어의 분석에 근거해 앞서 말했던 나의 경험을 다시금 들여다보자. 임산부의 흡연에 '무관심'해 보이는 영국의 태도는 무관심도, 개인의 선택에 대한 존중도 아닐지 모른다. 그것은 타인의 행동에 과도하게 반응하는 것 자체에 대한 자기통제의 결과일지도 모른다. 실제로 나는 영국의 응급실을 방문했을 때 대다수의 영국 환자들이 의자에 앉은 채로 조용히 기다리고 있는 것이 매우 인상적이었다. 아무리 오래 기다려도, 통증으로 얼굴에 식은땀이 흘러도, 그 누구도 언성을 높여 불만을 토로하지 않았다(물론 이 또한 10년 전 일이며 북동부 잉글랜드 지역이라는 특징도 있을 것이다). 그 순간 나는 외국인 학생을 대상으로 한 수업(제목이 무려 'Surviving in the UK(영국에서 살아남기)'였다!)에서 들은 설명이 생각났다. 영국 사람은 "결코 불평하지 않는다!"라고 말이다. 이 또한 강사의 편견일 수 있지만, 적어도 나는 응급실 안에서 불평하거나 지연된 진료에 항의하는 사람을 보지 못했다. 감정을 겉으로 드러내는 것 자체를 극도로 꺼려하는 영국 사람들의 '공유된' 생활양식이 초래한 결과일지 모르겠다.

한편 페이어는 '피로'라는 좀 더 구체적인 증상을 통해 영국, 미국, 독일, 프랑스 의학의 차이에 대해 소개한다. 영국 의사들은 피로를 호소하는 환자를 보았을 때 가장 먼저 우울증과 같은 기분장애 때문이라고 판단하는 경향이 있다고 한다. 반면, 프랑스 의사들은 간에 문제가 있다든지, 혹은 경련성 체질 때문이라고 본다. 독일 의사들의 경우 심장에 문제가 있다거나

국가	특징	예시
프랑스	생각하는 의학 (Cartesian Thinking and the Terrain)	피로= 경련체질, 간 이상
서독	낭만적인 의학 (The Lingering Influences of Romanticism)	피로= 심장 이상, 저혈압, 혈관자율신경, 근긴장이상증
영국	경제적인 의학 (Economy, Empiricism, and Keeping the Upper Lip Stiff)	피로= 우울증, 기분장애
미국	공격적인 의학 (The Virus in the Machine)	피로= 바이러스, 알레르기

저혈압 등의 원인을 먼저 생각한다. 마지막으로 미국 의사들은 바이러스 혹은 알레르기 때문이라고 말한다.[6]

페이어는 독일이 중부 유럽의 낭만주의 전통에 의해 서로 상반된 힘의 균형에 이르게 하는 '조화'를 강조하고(헤겔의 정·반·합의 변증법 등), 그 결과 혈액순환과 심장의 역할에 대해 많은 관심을 가진다고 보았다. 실제로 독일에서는 특정 심장약(예를 들어 강심제인 Digoxin)의 1인당 복용량이 프랑스의 7배, 영국의 6배로 독일 내에서도 진통제 다음으로 가장 많이 처방된다고 한다.[7] 프랑스의 경우 데카르트의 철학적 전통("나는 생각한다. 고로 나는 존재한다")의 흐름 속에서 설명과 분석을 실험과 행동보다 우선시하는 경향이 강하다고 한다. 논리적으로 완벽한 생각과 아이디어가 실제 결과의 성패보다 중요한 것이다.

이는 질병 원인에 대한 사유로도 연결되는데, 프랑스인은 외부보다는 내부의 원인에 집중한다. 즉, 개인의 기질·체질이 중요하다고 보며, 특히 간의 역할에 대해서 매우 민감하다. 실제로 프랑스인 10명 중 9명이 편두통 증상을 간의 이상으로 여긴다고 한다. 이미 1970년대에 프랑스의 간 치료제는 300여 종에 달했다.[8]

마지막으로 페이어는 미국 의학의 특징을 소개한다. 이 부분에 더욱 주목하는 이유는 오늘날 한국의 많은 의학 지식과 실천이 미국과 깊은 연관성을 지니고 있기 때문이다. 미국 의학에 대한 페이어의 분석이 한국 의사인 나에게는 미국 이야기인지 한국 이야기인지 구별되지 않을 정도였다. 페이어는 기본적으로 미국의 경우 지나치리만큼 적극적이고 뭔가를 해야만 하고, 또 더 '많이', 더 '빨리' 할수록 좋다는 믿음이 있다고 보았다(한국이 정말 그렇지 않은가!). 실제로 미국은 수술도 지나치리만큼 적극적인데 미국 여성의 경우 자궁절제술을 받을 확률이 (이 책이 출간될 당시만 해도) 프랑스, 독일, 영국에 비해 2~3배나 높았다. 또한 새로운 치료법 도입과 관련해서도 미국 의사들은 그 치료법이 실질적으로 '해롭다'라는 사실이 입증되기 전까지 치료를 계속하는 반면, 영국 의사는 반대로 실질적으로 '이롭다'라는 사실이 입증될 때까지 치료 적용을 늦춘다고 한다.

페이어는 이러한 경향을 광활한 서부의 개척정신에서 유래한 공격성이라 해석한다. 그들에게 정복 불가능한 것이 없다는 정신이 질병 정복에도 공격적으로 연결되었다고 본 것이다. 따라서 질병은 자주 외부의 침입자로 이해되며, 미국인이 가장 싫어하는 것이 '공산당과 세균'이라는 유머가 있을 정도이다. 특히 최근에는 원인이 불분명하거나 혹은 치료가 효과적이지 않을 때 자주 바이러스 탓으로 돌린다고 한다.[9]

의학은 선택과 가치의 문제

지금까지 소개한 페이어의 네 국가의 의학과 문화에 대한 분류는 다음의 문장으로 요약될 수 있다. "어떤 병에 걸린 것으로 하려면 그 병을 대접하고 인정하는 나라에 가기만 하면 된다. 그 나라를 떠나면 병이 깨끗이 낫거나 다른 병으로 둔갑하기도 한다."[10] 그런데 페이어는 단지 '차이'만을 말하려는 게 아니었다. 핵심은 각자 그 차이를 모른 채 자신들만의 제한된 관점 속에서 아픈 몸들이 특정한 해석의 틀 속에 가두어진다는 점이다. 그녀는 이를 '휴지통 진단'(waste-basket explanation)[11]이라 표현한다.

프랑스, 독일, 영국, 미국의 의사들은 각각 질병을 간, 심장, 우울한 마음, 세균(바이러스)의 '탓'으로 여기고 환자들을 쉽게 던지고 처리해버린다. 나라마다 그 휴지통의 이름이 다를 뿐인 셈이다. 어쩌면 페이어는 국경을 초월해서 아픈 몸들을 쉽게

'진단용 휴지통'에 던져 버리는 그 가벼움 자체를 문제시하는 것이 아닐까. 몸은 단순히 질병이 발생하는 장소 혹은 치료제가 투입될 장소가 아니라 각자의 삶의 역사가 깃든 생명이다.

코로나19 팬데믹 초창기에 나는 한국 의사로서 충격적인 영국 뉴스를 접하게 됐다. 그것은 2020년 3월 12일 당시 영국 총리 보리스 존슨의 아래와 같은 연설[12]이었다.

> "이제 바이러스는 더욱 확산될 겁니다. 저는 여러분, 영국 시민 분들에게 솔직하게 말씀드리려 한다고 생각합니다. 이제 더 많은 가족들이 사랑하는 사람들을 일찍 사별하게 될 것입니다…그리고 우리는 이제 전체 플랜 중 다음 단계로 넘어가야 할 시기입니다. 왜냐하면, 이제 단순히 최대한 바이러스를 억제하기 위해 노력하는 시기는 지났습니다. 지금부터는 그것의 확산을 지연시키고 고통을 최소화해야만 합니다."

당시 상황을 전혀 모르고 연설문 내용을 접하면 그저 평범한 이야기처럼 들릴지 모른다. 하지만 이것은 코로나19 바이러스의 확산을 도저히 통제할 수 없음을 인정하고, 그 확산의 속도만을 늦추고 상황이 회복되기만을 기다리며 버틸 수밖에 없다고 말하는 것이다. 그런데 여기서 중요한 부분은 "사랑하는 사람들을 일찍 사별하게 될 것"이라는 부분이다. 이것은 생존율이 낮은 노인 환자의 죽음은 어찌할 수 없다는 선언이었다. 치료할 수 있는 중환자의 숫자가 포화상태인 상황에서 이제 누구를 살리고 누구를 포기할지를 결정할 시점이 왔다는 뜻이다. 즉, 전쟁터에서 생존가능성과 응급성에 따라 부상 병사를 분류해서 치료 우선 순위를 결정하는 것(일명 'Triage')이었다. 이것이 제한된 의료자원 속에서 최선의 효율적(경제적) 선택이라 판단한 것일 테다. 하지만 과연 한국 사회에서도 의학적으로 생존의 가능성을 측정 및 예측하고 생명을 저울질하는 것이 가능한 일일까? 나의 부모가 고령이기에 사망 확률이 높다고 다른 젊은 환자를 위해 치료를 거부당한다고 하면 그 누가 이를 쉽게 받아들일 수 있을까? 아마 그 누구도 끝까지 부모의 치료를 포기하지 않을 것이며, 그것은 의료진도, 국가도 마찬가지일 것이다.

나는 여기서 영국 의학보다 한국 의학이 '문화적으로' 선진적이라는 이야기를 하려는 것은 절대 아니다. 영국의 선택은 (당연히 정치적 입장에 의해 한 국가 안에서도 차이가 있겠지만) 그 사회 안에서 어떠한 사회적 가치를 더 높이 평가하는지에 대한 공유된 관심의 결과일 것이다. 한국에선 고령층의 죽음을 방치하는 문제는, 그러니까 부모의 죽음을 젊은 사람들, 즉 자녀 세대의 오랜 생존을 위해서 포기한다는 것은 사회적으로 합의를 이루기 매우 어려운 문제다. 의학은 그 사회적 합의, 가치에 대한 합의 위에서 작동할 수밖에 없다. 최신 과학이 모여 있는 곳으로 의학을 상상하기 쉽지만, 그 의학이 가지고 있는 과학 지식과 기술은 그걸 사용하는 사람들의 선택에 따라 활용된다. 그리고 그 선택은 어떤 것을 더 높은 가치에 두느냐가 중요하게 연루된다.

나는 스스로에게 이런 질문을 자주 던져본다. 한국의 의학은 과연 어떤 문화적 성격을 지니고 있을까 하고 말이다. 앞서 언급한 네 국가들 중 아마 미국에 가장 가까울 것이라는 생각이 들곤 한다. 공격적으로 빠르고 많은 검사를 추구하고, 적극적 치료를 선호하는 것 등 비슷한 부분이 많다. 질병을 일종의 정복의 대상으로 바라보는 것도 유사하다. 이런 부분이 그 자체로 문제라 볼 수는 없을지 모른다. 하지만 질병과의 전쟁에서 지게 된 '패잔병'에 대해 어떤 반응을 보이는지는 너무나 중요한 문제이다.

코로나19 감염자에 대한 낙인, 치료할 곳을 찾지 못해 시간이 지연되어 사망한 환자에 대한 사회적 관심의 휘발성, 사회적 참사 속 희생자를 단순 사고의 피해자 정도로 치부하는 냉혹한 시선, 끊임없이 반복되는 산업현장에서의 사망 사고들과 그에 무감각한 국가와 기업 등 패잔병은 아주 쉽게 사회에서 삭제되어 버리는 건 아닐까. 의대 졸업반 시절 내가 노란색을 갈색으로 착각했듯, 한국 사회에 아픈 몸을 보는 시선은 그 어떤 문화적 렌즈에 의해 굴절되고 있는 것일까. 그 각도를 줄이는 것이 어쩌면 이 책의 목표일지도 모른다.

2.　통증은 보편적인 것일까

"아버지, 잠깐만요! 으악, 안 뜨거우세요?"

우리 아버지는 통증에 강했다. 식당에서 공깃밥이 나오면 아버지는 뜨거운 줄도 모르고 그 철제 그릇을 들어 내게 전해주셨다. 그럴 때마다 나는 "안 뜨거우세요?"라며 화를 내듯 물었다. 아버지는 "아, 뜨겁지"라고 말하며 별일 아닌 듯 웃으시곤 했다. 난 그런 아버지의 손을 유심히 쳐다보았다. 오랜 노동의 흔적이 손에 온갖 상처와 굳은살을 남겼고, 그 두터운 세월의 흔적만큼 뜨거운 온도에 무덤덤해지신 건 아닐까 싶었다. 그 손은 '우리 땐 이 정도 통증은 견뎌내는 게 일상이었지'라고 말하는 것 같았다. 혹자는 이런 내 아버지의 경험을 일부 세대의, 혹은 몇몇 개인의 특징 정도로만 이해하고 넘어갈지 모른다. 개인마다 몸의 성격은 모두 제각각이니 그렇게 생각할 수 있을 것이다. 그런데 만일 그 경계선을 개인이 아닌 사회 전체로 확장한다면 어떨까? 사회의 수준으로 확장했을 때는 이러한 분별력이 쉽게 흐려질 수 있다. 자칫 특정 민족 혹은 인종에 대한 그릇된 선입견으로 연결될 위험이 존재하기 때문이다.

가장 단적인 예가 아프리카 흑인이 통증을 인내하는 것에 대한 백인의 오해다. 의료인류학자 줄리 리빙스턴(Julie Livingston)은 아프리카 보츠와나에서 암 환자를 연구하며 18·19세기 백인들이 현지인의 통증에 대해 뿌리 깊은 선입견에 빠져 있음을 목격했다. 첫째, 흑인은 통증 자체를 잘 느끼지 못하며 둘째, 자신들보다 통증에 대한 인내심이 강하고 셋째, 타인의 고통에 무감각하다고 생각했다.[1] 하지만 리빙스턴은 통증에 대한 흑인 원주민들의 인내심은 '인종적 특질'이 아니라 '문화적 지혜'임을 강조한다. 이들이 성장과정 속에서 각종 통과의례를 겪으며 기본적으로 통증을 인내하는 법을 배우고, 그 같은 통증의 '사회문화적' 의미를 학습한다는 것이다. 이들에게 통증은 단순히 물리적 자극에 의한 생물학적 반응의 결과가 아니라, 집단의 구성원으로서 배워야 할 일종의 사회적 언어였다.

마찬가지로 우리 부모님 세대에서도 통증에 대한 인내는 개개인의 특징이 아닌 시대적 산물일지도 모른다. 가족을 위해, 자녀 세대의 미래를 위해 헌신과 인내가 신념처럼 받아들여진 시대가 아니었을까. 적어도 나의 부모님 세대는 한국전쟁과 보릿고개, 한강의 기적을 직접 경험한 분들이시지 않은가. 그런데 내가 리빙스턴의 연구에서 주목했던 또 다른 부분이 있다. 그것은 보츠와나 원주민들이 타인의 통증 앞에서 크게 웃음을 터트린다는 사실이었다. 만일 한국에서 극심한 통증을 앓고 있는 사람 앞에서 크게 웃는다는 것은 지극히 무례한 행동으로 받아들여질 것이다. 하지만 보츠와나에서는 개인이 통증 속에 홀로 고립되는 것을 막고, 그를 사회와 다시 연결시키며 통증의 책임을 함께 나누기 위해 웃음을 실천한다고 했다. 여기에는 통증이 사회적 관계의 파국(및 주술적 저주 등)에 의해 발생했다는 믿음 체계도 관련되어 있다. 그래서 리빙스턴이 현장 연구를 했던 보츠와나의 암병원에서는 고통스러워하는 환자 앞에서 농담과 의도된 큰 웃음들이 끊이질 않았다. 그들에게 몸에 발생한 생물학적 통증에 대한 이해방식도, 그것에 대한 기본적인 인내심도, 나아가 주변인의 큰 웃음도, 모두 구성원들 간의 관계 회복을 위한 사회문화적 실천들이었다.[2]

보츠와나 원주민에 대한 백인들의 오래된 선입견처럼, 타인의 몸(특히 그 차이)을 바라보는 시선에는 '생물학적 몸의 보편성'(universal biology)을 근거로 하는 경우가 적지 않다. 당연히 자신들처럼 통증에 대해 '정상적으로' 반응해야 하는데, 그렇지 않은 비서구인을 보면 자신들과 다른 생물학적 특징(우생학적 유전자의 차이 등)이 있다고 쉽게 정의하려 한다. 하지만 앞선 사례에서처럼 생물학적 과정은 사회와 동떨어져 존재하는 것이 아니라 지속적으로 '사회적 과정'과 상호작용한다.

이처럼 '보편적 생물학'이라는 기준으로 몸을 바라보는 관점을 비판하며, 특정한 지역의 상황에 따라 개개인의 몸이 보여주는 생물학적 반응의 차이에 주목하는 것을 '로컬 생물학'(local biology)이라 부른다. 이것은 의료인류학자 마가렛 록(Margaret M. Lock)이 처음으로 제시한 개념이다.[3] 그녀의 질문은 이렇다. "사람의 몸은 생물학적으로 보편적일까?" 그녀의 답은 "아니다!"이다. 환자가 몸으로 경험하고 증상으로 호소하는 모든 것들은 보편적 생물학의 원리를 따르지 않는다. 그보다는 사회와 환경, 문화의 영향 속 '주어진 상황에 따른' 생물학(situated biology)을 보인다. 일명 끊임없이 '생물학적-사회적 분화'(biosocial differentiation)를 보인다는 것이다.[4] 이것은 단순히 문화적 신념에 따라 똑같은 몸의 현상을 다르게 바라보고 해석한다는 뜻이 아니라, 인식의 차이를 넘어 생물학적 존재의 차이를 의미한다. 같은 자극과 환경 속에서 몸이 다른 감각과 행동을 경험하고 반응한다는 뜻이다.

사회가 몸에 남기는 상흔

인류학자 록의 이 같은 주장은 과학적 지식의 우월성과 그 과학을 만든 서구인의 우월함에 대한 과도한 믿음 속에 쉽게 묻힐지도 모른다. 그럼에도 그녀가 '로컬 생물학'이라는 조금은 도발적인 개념을 제시한 데에는 1980년대 일본의 중년 여성들이 완경기(일본어로 코넨키[Kōnenki, 更年期])를 전혀 질병으로서 인식하지 못하는 데다, 미국 여성들이 지닌 전형적인 증상(특히, 안면 홍조)을 호소하지도 않는 것을 목격했기 때문이다. 일본 여성들은 두통 정도만을 언급할 뿐이었다. 심지어 2005년까지 안면 홍조라는 표현 자체도 들어보지 못한 여성들이 많았다고 한다.[5] 이것은 일본의 의사들 역시 마찬가지였다. 미국과 유럽의 의사들은 완경기를 일종의 여성호르몬 결핍으로 인한 질병으로 받아들이고, 불편한 증상들과 이후 주요질병의 발생을 약물 치료(호르몬제 복용)로 적극적으로 치료해야 한다고 보았다. 하지만 일본의 의사들은(심지어 일본 제약회사들마저도) 이를 위험한 결핍으로 인식하지 않았으며, 아주 자연스러운 나이 듦의 과정으로 받아들였다. 물론 일본의 근대화 과정에서 여성(특히 어머니)에게 주어진 역할과 식물성 에스트로겐이 풍부한 콩을 서구인에 비해 많이 섭취하는 일본의 식습관이 이 같은 생물학적 증상의 차이와 그에 대한 사회적 해석의 차이에도 영향을 주었을 것이라 록은 지적한다.

최근 저서에서 록은 '로컬 생물학'이라는 표현 대신 '상황적 생물학'(situated biology)라는 개념을 제안한다. '로컬'이라는 단어가 자칫 세계와 고립된 이국적인 문화권의 신기한 현상처럼 받아들일 소지가 있기 때문이다. 록이 강조하려고 한 것은 '사회적, 환경적 요인들'이 구체적으로 생물학적 현상에 연루되어 있고, 그 반대의 과정 또한 존재한다는 사실이다. 이를 강조하기 위해 '상황'이라는 표현으로 바꾸려 한 것이다.[6] 그녀가 이해를 돕기 위해 소개한 다른 사례들을 좀 더 살펴보자.

첫 번째로 미국에서의 인종차별과 신생아 체중의 관계이다. 록은 미국에서 1980년대 이래로 조기분만과 저출생아 문제에 대해 주목했고, 특히 흑인 여성들 사이에서 백인 여성보다 2~3배 높게 조기분만 문제가 발생하고 있다는 사실에 대처하고자 했다. 최근까지 조기분만의 사례는 감소했지만, 흑인과 백인 여성 사이의 차이는 감소하지 않았다. 이에 대해 대부분 연구자들은 '보편적인 생물학' 지식에 의거하여, 산모의 연령, 교육 수준, 생활습관, 사회경제적 수준 등의 차이에 대해 지적해왔다. 그런데 백인과 교육 수준이 동일하게 높은 흑인 여성의 경우에도 저출생아를 분만할 확률이 높았다. 록은 이와 관련하여 미국의 사회역학자 낸시 크리거(Nancy Kriegger)의 논의를 소개한다. 크리거는 교육 수준과 경제 수준의 차이만으로 설명되지 못하는 이 같은 흑인 여성들의 저출생아 분만을 이야기하기 위해 미국에서 흑인으로서 성장했던 인종차별적 경험들이 임신 과정에서 얼마나 '유독'(toxic)한지를 강조했다. 실제로 사회경제적 수준과 별개로, 인종차별 경험을 3회 이상 경험했던 흑인 여성이 그러한 경험이 전혀 없었던 흑인 여성에 비해 조기분만을 할 위험이 세 배 이상 높다고 밝혀졌다. 이러한 사실은 사회적·정치적 힘이 결과적으로 생물학적 변화를 초래

할 수 있음을 보여주는 뚜렷한 증거라 할 수 있다.[7]

또 다른 사례로, 베트남 여성들 사이에서 높은 비율로 태어나는 기형아(특히 뇌수종[hydrocephalus] 등의 장애)가 있다.[8] 덴마크 코펜하겐 대학 의료인류학자 티네 감멜토프트(Tine M. Gammeltoft)는 2003년부터 3년 동안 베트남 하노이에서 40년 전 베트남전쟁(1962~1971) 당시 살포됐던 고엽제(Agent Orange)가 남긴 유전병 및 기형아 출산에 대해 현장연구를 진행했다. 현재까지도 베트남 국민 300만 명이 고엽제에 의한 심각한 질병을 앓고 있으며, 고엽제에 노출된 사람 중 2.95%에서 심각한 선천적 기형을 앓고 있는 것으로 알려져 있다. 감멜토프트는 이러한 현실에서 베트남 여성이 임신을 한다는 것이 축복이자 곧 공포라는 것을 목격한다.

그녀는 3D초음파 앞에 산전진찰에 받으려는 베트남 산모의 긴장된 모습에 집중하며, 그녀의 책 제목이기도 한 '유령처럼 떠오는 이미지(Haunting image)'[9]를 설명한다. 베트남 정부는 고엽제에 의한 피해서사를 국가정치 프로젝트로서 활용했다. 부도덕한 미국을 비판하기 위해 고엽제 피해자(기형아 등) 이미지를 미디어를 통해 자주 노출시킨 것이다. 그 결과 베트남 산모들은 3D산전초음파 검사를 받으러 갈 때 자신의 태아가 혹시 기형아가 아닐까 두려움에 휩싸인다. 베트남 사회에서는 장애아동의 이미지가 그 자체로 '영적인 힘'(베트남어로 'am anh'[=being obsessed or haunted])을 지녔다고 여겨졌다. 감멜토프트는 이것을 "당신의 마음에 그 사진들이 머문다는 뜻이다. 그것을 떨쳐내려고 아무리 노력해도 그럴 수 없다"라고 해석한다.[10]

그 결과 산모는 항상 기형아에 대한 공포 속에 임신을 마주하게 된다. 전 세계 어디에서나 새로운 생명의 잉태는 축복으로 받아들여져야 하지만, 베트남은 역사의 상흔으로 그렇지 못하다. 유령처럼 떠도는 기형아의 이미지는 실제 삶의 바탕이 된다. 감멜토프트는 이러한 베트남 산모와 태아의 '선천적으로 위태롭고 불안정한' 상황에 대해 인류학자 마이클 잭슨(Michael Jackson)의 '존재론적 아포리아'(ontological aporia)라는 표현으로 설명한다.[11] aporia는 그리스어로 '통로가 없는'(without passage)이란 뜻으로, 베트남의 산모는 임신하는 순간부터 어떤 행동/선택을 하든지 아이가 건강하게 태어나기 전까지는 도덕적 고통을 피할 수 없다는 의미다. 그 피할 수 없는 도덕적 고통이란 임신의 기쁨을 안고 산과 초음파실에 들어가는 순간부터 마주하게 된다. 초음파 속 태아의 이미지는 사랑스러운 아이에 대한 애착심을 불러일으킴과 동시에 끔찍한 장애를 지닌 '고엽제 아이들'의 이미지가 겹치면서 불안감이 엄습해온다.

나는 고엽제 후유증으로 장애를 지닌 베트남 아이들의 사진을 찾아보았다. 그중에는 안구가 없이 태어난 소년이 있었다. 마치 누군가 그래픽 디자인으로 얼굴에서 눈만 지워버린 모습이었다. 나의 상상력을 넘어서는 이미지였고, 지금까지 잊히질 않는다. 만일 이 같은 모습의 아이들이 주변에, 내 가족과 친척에 실존한다고 하면, 그 속에서의 삶은 정말로 '통로가 없는' 막다른 삶의 연속일지 모른다. 냉전 체제하에 발생한 전쟁으로 인해 임신과 출산이라는 지극히 자연스러운 생물학적 과정이 베트남에서는 두렵고 긴장되는 일상이 되어버렸다. 베트남 여성에게 임신의 '경험'은 한국 혹은 미국 여성의 그것과 전혀 다른 삶이다. '같은' 몸을 가졌다 하더라도 거주하는 환경(나라)과 문화권이 다르면 '다른' 몸을 사는 것이다. 록이 '로컬 생물학'을 주창한 이유는 새로운 생명과학의 이론을 주창하기 위함이 아니다. 그녀가 목적한 바는 바로 "로컬 생물학으로 여겨지는 현실이 얼마나 자주 인간의 고의적 행동의 결과인지를 보여주고자" 함이다.[12]

몸이 문화마다 다른 '생물학적' 삶을 통과하게 된다는 이야기는 결국 인간(나아가 인간이 만든 문화)의 개입이 존재한다는 뜻이다. 처음에 소개한 보츠와나 원주민의 통증에 대한 무감각은 다른 문화권 사람들이 이해하기 어려울 것이다. 통증과 관련해서 다른 사례를 소개해 보려 한다. 의료인류학자 시실리아 홀렌(Cecilia Van Hollen)은 1995년 인도 남부(타밀 나두 주)의 산모들이 출산시 약물주사(옥시토신=자궁근육 수축제)까지 요구하며 더욱 더 많은 통증을 원한다는 사실을 알게 되었다.[13] 출산 과정에서 발생하는 극심한 통증은 진통제와 마취 등에 의해 최소화시키는 것이 당연하다는 서구의 관점에 익숙해져 있던 터라 쉽게 납득이 되질 않았다. 당시 인도는 국가 중심의 철저한 산아제한 정책을 시행 중이었고 특히 하위 카스트에 속한 여성들에게 불임시술이 강요되고 있었다. 이런 상황에서 왜 그곳의 산모들은 분만통증을 강화하는 약물 주사를 그토록 원했을까?

당시 인도의 여성에게 가족 내에서 지위를 인정받는 유일한 수단은 바로 헌신적인 모성이었다고 한다. 그와 같은 힘은 출산의 고통을 인내했을 때 더욱 커진다고 믿었다. 인도어 vali는 '통증'이라는 뜻과 함께 '힘, 권력'의 뜻도 가지고 있다. 산모가 이 통증을 견뎌낼 경우 신성한 재생의 힘을 뜻하는 sakti가 형성된다고 믿었다. 즉, 더 큰 통증이 더 큰 존재의 힘을 갖게 만든다고 믿은 것이다. 또한 산모들은 옥시토신 주사를 맞고 극심한 산통이 밀려올 때 자주 특징적인 '시각적 경험'(일명 tapas라 불리는)을 겪었다. 이들이 목격한 시각적 이미지들은 아이를 출산하며 고통스럽게 울고 있는 강인한 여성의 모습들이었다.

이는 인도 정부가 서구의학의 신기술(불임시술)을 활용해 산아제한을 실천하는 반면, 인도 여성이 서구의학의 신약(옥시토신)을 활용하여 가부장적인 가족 내에서 스스로의 힘을 키우고 지키려 하는 아이러니한 상황을 보여준다. 통증에 대한 산모의 반응은 물론이고 그 과정에서 특징적인 신체적 경험을 하게 된다는 점은 서구인의 시점에선 매우 이례적인 현상일 것이다. 분명한 것은 산모들에게 비쳐줬던 시각적 이미지들은 결국 개인의 선택이 아닌 사회문화적으로 형성됐다는 사실이다. 록의 지적처럼 인도 산모의 생물학적 몸에도 인간의 의도가 다분히 새겨져 있었다는 측면에서 '로컬 생물학'의 또 다른 예라 할 수 있다.

끝으로, 안타깝게 지금은 세상을 떠난 미국의 감염학자이자 의료인류학자인 폴 파머(Paul Farmer)의 경험을 소개하고자 한다. 그는 하버드 의과대학에 입학한 1984년 전부터 오랜 기간 아이티에서 에이즈 감염 환자 등 다양한 아이티 환자들을 진료하고, 또 인류학적 연구를 진행해왔다. 그가 여느 때와 같이 뇌수막염이 의심되는 열세 살짜리 아이티 소녀에게 뇌척수액 검사를 시행할 때였다. 구부린 채 누운 아이의 허리 척추뼈 사이로 긴 검사용 바늘을 꽂아 넣었을 때 소녀는 크게 외쳤다. "아파요! 배고파요!"라고 말이다.[14] 아이티 소녀의 몸에게 물리적 통증과 굶주림에 의한 통증은 동일한 감각이었다. 소녀에게 음식이 곧 약이었다. 오랜 착취와 가난, 그리고 질병의 역사가 아이티 소녀가 다른 생물학적 삶을 살아가게끔 만든 것이다. 콤마!

3. 영혼이 부패하지 못하게 시신을 보호하라

"O월 O일 O시 O분, OOO님 사망하셨습니다."

몸이란 참 허무하다. 특히 죽음의 순간을 목격할 때면 더욱 그런 생각이 든다. 의과대학 졸업 이후 병원에서 근무를 하며 적지 않은 수의 죽음을 목격했다. 그 어떤 권세와 지위도 몸을 잠식한 암 덩어리 앞에선 무용지물이라는 것과 젊고 건강한 몸도 찰나의 사고로 삶을 마감한다는 것을 알게 되었다.

의사로서 처음 사망 선고를 한 환자는 잊혀지지 않는다. 그는 말기 암 환자로 아마도 지금의 내 나이쯤 되었을 것이다. 뼈만 앙상하게 남은 그는 결국 임종이 다가오고 있었다. 고등학생 정도 되어 보이는 아들과 아내, 그리고 가족들은 그를 집으로 모셨다. 마지막 순간은 집에서 마주하고 싶었던 것이다. 당시에는 집밖에서의 죽음은 곧 객사였고, 이는 원통하고 불행한 죽음이었다. 나는 기관삽관으로 그의 마지막 숨을 유지한 채 구급차에 올라탔다. 한 시간 남짓 그의 숨을 지켜보았고, 어느 순간 내가 '슈도 배깅'(pseudo-bagging)*을 하고 있음을 직감했다. 그는 이미 숨을 거둔 것이다. 하지만 나는 그를 객사하게끔 내버려둘 수 없었다. 이윽고 집 안방에 도착했을 때 모든 가족들이 그의 곁에 자리를 잡았다. 그 슬픔의 긴장감 속에 나는 조심스레 삽관된 튜브를 제거하고 안구의 동공반사가 없음을 라이트로 확인한 후 천천히 입을 떼었다. 모두의 울음이 터져나왔다. 물품을 챙기고 구급차에 타려 할 때 그의 어린 아들이 다가와 나에게 감사의 말을 전했다. 그렇게 나의 첫 죽음의례가 끝났다.

이때가 2003년이었다. 아직 장례식이 병원에 마련된 장례식장이 아닌 망자의 집에서 치르던 시절이었다. 지금은 상조회사를 통해, 장례식장의 최신 설비들에 의지해 장례의 절차가 이루어지지만 20년 전에는 달랐다. 망자의 혼이 원통하지 않으려면, 살던 집으로 모셔야만 했다. 의학적 지식으로는 죽음의 장소가 어디냐는 중요하지 않다. 하지만 함께 죽음을 맞이해야 하는 가족과 당사자에게는 무엇보다 중요한 요소일지 모른다.

---

* 환자에게 의료진이 산소를 공급하는 장비를 암부 백(Ambu bag)이라 한다. 백을 압박하면 대기 중 산소가 관을 통해 전달된다. 그런데 환자의 숨이 멈춘 이후에도 백을 계속 압박하면서 사망 진단을 시연시기는 행위를 의료진 사이에서 흔히 'pseudo-bagging'이라 불렀다. 여기서 pseudo는 '허위'를 뜻한다. 객사를 원치 않던 시절에 행했던 것으로 지금은 보기 힘들다.

1부 몸을 모르는 사회

지금도 그렇지 않은가. 초라한 장례식장보다 아낌없이 더 많은 것을 해줄 수 있는 곳을 선택하려 한다. 죽음은 여전히 사망선고에서 끝나지 않는다. 마치 망자가 그 모든 과정에 참여하고 있는 듯 가족과 조문객 모두 최대한의 예의를 지키고자 한다.

그때 나는 망자에 대한 최대한의 예우를 위해 서로가 이미 생물학적 죽음을 알고 있는 상황에서도 다 같이 죽음이란 무대 위에서 단 한 번도 스텝도, 호흡도, 대사도 엉키지 않게 애도의 교향곡을 써내려갔다. 왜 그랬을까. 그 연유를 쉽게 설명하긴 어렵겠지만, 당시 모두가 공감했던 사실 하나는 분명하다. 몸은 죽음 이후에도 그 삶이 곧장 끝나지 않는다는 사실 말이다. 이와 관련해서 흥미로운 인류학 저서가 있다. 바로 태국의 '영혼 앰뷸런스'(The Spirit Ambulance)에 관한 미국 인류학자 스콧 스토닝튼(Scott Stonington)의 2020년 책이다.[1] 앰뷸런스라고 하면 당연히 생명을 살리고 유지하기 위한 응급 이동수단이다. 그런데 '영혼'이라니 의아하게 느껴질 수 있다. 나 역시 그랬다.

죽음에 대한 이해, 사람에 대한 이해

스콧이 현지에서 목격한 이 앰뷸런스의 특징은 다음과 같았다. 우선 앰뷸런스의 목적은 '영혼이 몸에 안전하게 붙어 있도록 하는 것'이다. 그것은 트럭을 개조한 차로 병원 정문 경비원이 부수입으로 운영하고 있었다. 이 트럭은 정식 앰뷸런스보다 저렴한 수단으로 매트리스, 산소통, 그리고 방부제 용액을 정맥혈관을 통해 넣을 수 있게 개조한 오토바이 타이어 펌프가 장착되어 있었다. 내가 놀랐던 것은 바로 이 방부제 용액이었다. 만일 임종 직전의 환자가 집으로 가던 길에 사망하게 되면 '영혼이 몸에서 떠나가지 않게, 혹시 분리되더라도 몸 근처에 머물도록' 사용한다고 했다. 이러한 설비는 경비원이 태국 불교 스님과 죽음에 대해 공부하고, 다년간의 환자 이송의 경험을 바탕으로 직접 발명한 것이었다. 그렇게 전 세계에 유일무이한 의료기계설비를 장착한 영혼 앰뷸런스가 만들어졌다.

실제 영혼 앰뷸런스는 태국 북부 지역의 도시를 벗어나 보통 대여섯 시간 동안 뜨거운 정글을 오르락 하며 쉬지 않고 고향 집까지 이동한다. 만일 이동 중 부모의 숨이 끊어지면, 자식들은 부모의 영혼이 길을 잃지 않고 자신들을 따라올 수 있도록 계속 말을 걸어야 했다. 그렇게 몸에 영혼이 안전하게 따라올 수 있게 만든 앰뷸런스의 목적은 분명했다. 스콧은 이것이 환자의 생물학적 몸이 아닌 영혼을 위해 만들어졌다고 말한다. 내과의사이기도 한 스콧은 2007년부터 2년 동안 태국 북부 지역에서 35명의 말기 환자 곁에서 현장연구를 진행했다. 그가 목격한 태국은 여전히 불교의 윤회 사상이 중요한 삶의 지혜였다. 따라서 자녀는 부모가 준 '생명의 빚'(debt of life)을 죽음의 과정에서 꼭 갚아야만 했다.

태국에서 '좋은 죽음'이란 곧 장소의 문제였다. 병원은 귀신들로 가득차 있는 신성치 못한 장소다. 태국 사람들은 신체를 움직이는 힘이 영혼에 있다고 믿는다. 이 영혼은 죽음 이후에도 남겨지며, 결국에는 환생을 통해 다른 신체로 되돌아간다고 여긴다. 그렇게 새로운 몸에 태어나 새로운 자아를 형성하는 것이다. 하지만 어떤 죽음은 그 영혼이 환생하지 못한 채 오염되고 위험한 존재가 되는데 그것이 바로 귀신이다. 귀신은 '부적절한' 장소(예를 들면 병원처럼 오염되고 악한 영혼들이 많은 공간)에서 죽음으로써 만들어진다.

따라서 윤회를 위해선 임종을 앞둔 부모가 마지막 숨을 거두는 곳이 병원이 아닌 집이어야만 했고, 자녀는 '생명의 빚'을 갚기 위해 이를 기필코 달성해야만 했다. 집으로 오는 길에 숨을 거두게 되더라도 절대로 부모의 몸이 상해서는 안 된다. 영혼을 위해서 말이다. 그렇게 필요에 의해 등장한 것이 영혼 앰뷸런스였다. 스콧은 이 모든 과정을 하나의 오케스트라 작업이자 군무와도 같다 말한다. 온갖 의학적 기술들(인공호흡기, 수혈 장비 등)과 형이상학적 원칙들(업보, 생명의 빚)이 조화롭게 맞물려 '좋은 죽음'의 기준을 충족시켜야만 했다. 그가 이를 '존재론적 안무'(ontological choreography)라는 개념을 통해 비유하려 했던 이유가 여기에 있다.

나 역시 스콧처럼 의사로서 비슷한 죽음의례에 참여했던 경험이 있기 때문에 이 이야기가 그리 낯설게 느껴지진 않는다.

불교와 관련하여, 그리고 장례의례와 관련하여 태국의 이 같은 상황들이 한국의 독자들 역시 그렇게 낯선 이야기는 아닐지 모른다. 하지만 두 가지 지점에서 우리와 다르다. 첫 번째로 가장 중요한 것은 바로 생명(life)을 서구의 생물학적 생명도 아닌, 의식이라는 추상적인 것도 아닌 '전승 가능한' 하나의 '실재하는 것'(a thing)으로 여긴다는 점이다.[2] 태국의 부모는 자식에게 육체와 피, 그리고 숨을 줌으로써 탄생시켰다고 보았다. 이때 피는 영혼과 육체를 매개하는 중요한 요소이며, 가족의 생명을 가능하게 하는 '것'이었다. 위독한 부모에게 헌혈을 통해 '피'를 수혈하는 것은 단지 생물학적 물질을 주는 것을 넘어 빚을 진 (혹은 전승받은) 생명을 되돌려 주는 행위다. 같은 맥락에서 영혼 또한 몸과 마음에 생명을 불어넣는 에너지의 원천이자, 분리 가능한 '것'으로 인식된다. 이는 좋은 죽음 이후 환생을 통해 다른 몸에 들어갈 수 있는 '것'이다.

두 번째로, 사람이라는 존재의 특성(personhood)에 대한 근본적인 인식의 차이다. 흔히 서구의 관점에서 개인(영어로 individual)은 말 그대로 분리(divide)가 불가능한(in-)한 존재이자, 타인과 구별되는 자아다. 하지만 태국에서 사람은 '분할 가능한'(partible) 존재일 뿐 아니라, 근본적으로 그 생명 자체가 부모와 다른 존재들의 특성들이 '분산되어'(distributed) 연결된 존재로 본다. 즉 사람은 '연합된 존재'(a combined being)인 셈이다.[3] 내 몸의 피는 나의 것이 아닌 부모로부터 '분산'되어 나를 형성한 것이며, 이 피는 나에게서 '분할'되어 양도할 수 있는 것이다.

아무리 태국의 죽음의례가 우리에게 낯설지 않다 하더라도 사람이 '분할 가능한' 연합된 존재라는 것을 이해하기는 쉽지 않을 것이다. 사람에 대한 이러한 이해는 왜 필요한 것일까. 이와 관련하여 스콧은 자신이 만난 태국 환자들을 통해 설명을 시도한다. 그 중심에는 '카르마', 즉 업보에 대한 신념이 자리잡고 있다. A라는 농부는 일생을 물소를 키우며 살았다. 그는 코뚜레로 물소의 코를 뚫고, 그 위에 올라타곤 했다. 그러던 어느 날 그는 배 안에 종양이 생겨 장을 자르고, 대장을 복벽에 연결하여 인공항문을 만드는 수술을 받았다. 코에는 마치 코뚜레와 같은 산소 튜브가 끼워져 있었고, 이후 콧구멍을 통해 위까지 들어가는 관이 연결되었다. 그는 이 같은 고통스런 상황들을 모두 자신이 물소에게 가했던 그 고통들이 그대로 업보가 되어 지금 자신의 몸이 대가를 치르고 있다고 받아들였다. 그의 업보가 지금의 자신을 물소와 같은 존재로 만들었다고 보는 것이다. 태국 사람들이 생각하기에는 이렇게 업보를 통해서 서로가 서로를 함께 구성해주고 있었다.

또 다른 사례는 건장했던 남성 B 환자에 대한 이야기다. 그는 사춘기 시절 오토바이 위에 길거리에 있던 개를 태우고 위태롭게 운전을 하며 개가 두려움에 울부짖는 장면을 마치 스포츠처럼 즐기곤 했다. 그러던 어느날 급회전 중 개가 떨어져 나갔고, 길바닥에 부딪히며 다리가 부러지고 피로 범벅이 되었다. 끔찍한 사고의 장면은 B의 뇌리에 깊게 남았다. 이후 그가 청년이 되어 안개 낀 밤길에 오토바이를 몰고 가던 중 갑자기 도로 위로 개가 뛰어들었고, 이에 부딪힌 그는 도로 한 켠으로 내동댕이쳐졌다. 그는 이 사고로 왼쪽 팔에 마비가 와서 감각을 잃게 되었다. 스콧이 그를 만났을 때 그는 이 사고가 자신이 사춘기 때 저질렀던 업보 때문이라고 보았다. 자신이 상처를 준 개가 그 업보를 갚으러 온 것이라고 말이다. 그는 "지금 그 개가 내 (왼쪽) 팔 안에 있어요."라고 말했다. 가끔 꿈에도 나타나 자신의 팔을 물어뜯기도 하지만, 대부분 자신이 깨어있을 때 팔 안쪽에서 물어뜯곤 한다고 말한다. 마치 그의 왼팔의 일부가 '개'(part dog)인 것처럼. 그래서 B는 심하게 아픈 날이면 그의 '개-팔'(dog-arm)을 향해 사랑의 키스를 보내며 조금 살살 다루어달라며 용서를 구한다고 했다.

이처럼 태국인들은 자신의 '사람됨'이 서구인들처럼 오직 독립된 개인의 특징만으로 구성된다고 보지 않는다. 태어날 때부터 부모로부터 생명의 많을 것을 물려받고, 전생과 현생의 여러 업보로 맺은 인연들로 몸의 일부가 구성되기도 한다. 여기에는 앞서 소개한 영혼 역시 포함된다. 영혼 또한 몸을 구성하지만, 분할되어 떨어질 수 있는 실체다. 이러한 카르마, 업보에 대한 신념은 왜 이토록 태국인의 삶 속에 뿌리 깊게 자리잡고 있을까. 그 이유를 단 하나로 결론 내릴 수는 없다. 하지만 스콧은 2년간의 현지조사의 경험을 통해 다음과 같은 나름의 해석을 소개한다. 그것은 바로 "윤리적 상처를 치유"(healing the ethical wound)[4]하기 위해서라고 말이다.

생명, 그 이상의 삶

스콧에게는 영혼 앰뷸런스 위에 올라타 직접 목격했던 '좋은 죽음'을 위한 모든 행위자들(의료기기부터 운전기사, 가족들 모두)의 아름다운 합주가 깊게 남아 있었다. 그 모든 행위들을 통해 생명에 얽힌 수많은 운명의 고리들을 목격할 수 있었다. 그것은 태어날 때부터 이미 반드시 갚아야 할 '빚'에서부터 출발했다. 그리고 앞의 사연들처럼 살면서 지은 업보들과도 연결되어 있다. 개인의 몸은 태어나 살면서 끊임없이 부분들로 분할되고, 분산되면서 새로운 '연합된 존재'로 변환되는 것이다. 이같은 존재론적 사유는 결국 죽음이라는 넘을 수 없는 삶의 마디 앞에 서로의 아픔과 애도의 마음을 치유할 수 있는 윤리적 실천들을 가능하게 해준다.

 삶과 죽음을 오로지 개인이 홀로 감당하기에 인생은 너무나 많은 굴곡과 회한들이 있지 않던가. 설령 개인이 감당했다 하더라도 진정 혼자만의 노력 때문일까. 이와 같은 영혼과 사람됨에 대한 존재론적 믿음은 태국에만 국한된 것은 아니다. 캐나다 맥길 대학의 인류학자 리사 스티븐슨(Lisa Stevenson)도 캐나다 북부에 거주하는 이누이트족(흔히 우리가 에스키모인이라고 알고 있는)에 대해 같은 이야기를 전해준다. 리사가 쓴 책 제목 'life beside itself'에서부터 이를 잘 보여준다.[5] 캐나다 정부와 의사들이 '(생물학적인)생명, 그 자체'(life itself)에만 관심을 가졌지만, 이누이트인들에게는 생명은 물론 '생명, 그 이상의 삶'(life beside itself)이 존재한다. 이들은 생물학적 죽음 이후에도 또 다른 삶이 인간이 아닌 다른 실체로서 지속될 수 있다고 믿었다. 특히 이누이트족에게 '이름'은 특별한 '것'이었다. 그것은 단지 상징적 글자가 아니었다. 그들은 부모가 죽으면 그 이름을 새로 태어날 자식에게 넘겨주었다. 단지 조상 혹은 부모를 기억하기 위해 붙이는 것이 아니라 그들의 영혼이 담긴 '것'(name-soul)이었다.[6] 그 이름을 부를 때마다 그들이 다시 살아 숨쉰다고 보았다.

  리사의 책을 열면 처음에 담배를 물고 피우는 큰 까마귀 그림이 있다. 땅바닥에는 이미 여러 대를 피운 흔적도 있다. 리사는 한 이누이트족 소년과의 대화에서 죽은 그의 삼촌 이야기를 듣는다. 소년의 어머니인 그의 누이는 죽은 동생이 집 뒤뜰에 앉아 있는 큰 까마귀로 돌아왔다고 말하곤 했다. 리사는 여전히 까마귀를 삼촌이라고 믿느냐 물었고, 소년은 뜸을 들이다 이렇게 말했다. "잘은 몰라…하지만, 그 까마귀는 아직 그곳에 있어."(It's still there) 그렇다. 이누이트인들에게 죽은 이가 어떤 형태로든 여전히 '그들 곁에 존재한다'라는 믿음을 공유하고 있다. 이름이든, 동물의 모습이든 말이다. 이누이트인들은 그렇게 생물학적 몸을 자신의 생명의 본질로 보는 것에 회의적이었다. 오히려 자신을 부르는 이름, 죽음 이후에도 남겨질 그 이름이 자신의 육체보다 더 본질적이라 여겼다.[7]

생각해보면, 우리에게도 이와 같은 삶의 양식들을 어렵지 않게 찾아볼 수 있다. 누군가의 죽음이 갑작스럽고 안타까울 경우에는 더더욱 죽음 이후의 삶을 믿는 경우가 많다. 그 방식이 일상적인 종교활동을 통해서든, 개인적 애도의 차원에서든 말이다. 한국에도 오랫동안 지속되어온 무속신앙이 있다. 온갖 약을 먹고, 치료를 해보아도 낳지 않을 경우 마지막으로 점을 보러 가거나 굿을 하는 사람들을 어렵지 않게 찾아볼 수 있다. 1970년대 한국의 무속신앙에 대해 연구했던 미국 인류학자 로렐 켄달(Laurel Kendall)의 눈에 비친 한국은 앞서 소개한 태국과 별반 차이가 없어 보인다. 가정의 온갖 고통(질병, 사업 위기, 도난, 가족 간 불화 등)의 원인을 개인의 운세에서부터, 집안에 새로 들인 물건, 집터, 해로운 기운 혹은 귀신 등 다양한 초자연적 존재 및 그것이 깃든 사물들에서 찾았다.[8] 그것은 실제 과학적 입증 가능성을 넘어 우리네 일상 곳곳에서 아직 우리의 '곁에 존재한다.'

1950년부터 2년 넘게 아프리카 잠비아에서 은뎀부(Ndembu)족을 관찰한 영국 인류학자 빅터 터너(Victor Turner)는 이들의 다양한 의례를 서구에 소개했다. 그의 책 『의례의 과정』에는 출산의 어려움을 겪는 부부를 위한 '이소마'(Isoma) 의례의 과정이 자세히 소개되어 있다.⁹ 은뎀부족 역시 부부가 망령에 붙잡혀 불행을 겪고 있다고 믿었고, 건강한 자녀의 출산을 위해 주술사를 중심으로 '집에서 떨어진'(이것을 '이소마'라 부른다) 움막을 세우며 특수한 의례를 진행했다. 암탉과 수탉, 차갑고/따뜻한 기운의 약재를 준비하며, 온갖 주문과 노래로 의례를 치렀다. 그리고 땅굴을 파고 들어가는 의식까지 행했다. 이 모든 과정이 50년대 '과학적' 서구인의 눈에는 너무나 비이성적으로 보였을지 모른다. 바로 이것에 대해 빅터는 다음과 같이 항변했다.

> "불행한 개인형편에 대한 집단으로서의 배려의 상징적인 표현, 그녀를 위해서 일련의 "선한" 것들이 잇달아 동원되고, 그래서 삶과 죽음의 우주적인 질서의 상징과 결합된 개인의 운명-이런 것들이 우리들에게 정말로 그리 "이해할 수 없는" 어떤 것을 의미하는 것일까?"¹⁰

그렇다. 영혼을 이야기하고, 죽음 이후의 삶을 이야기할 때, 그리고 초자연적 힘의 존재를 이야기할 때 우리는 흔히 빅터가 말한 의심과 부정의 눈초리를 경험할지 모른다. 그렇지만 태국인들이 '연합된 존재'로서 사람을 이해한 이유가 곧 업보를 받아들이고 그것이 초래한 모든 아픔들, 즉 윤리적 상처들을 치유하기 위함이었다는 해석에 주목해야 하지 않을까. 그리고 이것이 그렇게나 이해할 수 없는 행위일까. 종교인류학자 김성례 역시 한국의 샤머니즘, 무속신앙은 "'지금 여기에서' 생성되고 있는 현대적 종교현상"이라고 지적한다. 그리고 그 존재의 이유를 "치유의 민중적 미학"이라 일컫는다.[11]

영혼은 우리의 주변에 여전히 존재하며, 그것의 역할은 치유다. 따라서 '영혼이 무엇이냐' '영혼이 정말 존재하냐'라는 질문은 '왜 영혼이 인간의 삶에 필요하냐'라는 질문으로 되물어야 한다. 영혼에 대한 인간의 상상력은 이성적 판단의 차원을 넘어 윤리적 차원에 해당하기 때문이다.

4. 우리는 함께 존재하는 것만으로 치유된다

"(작은 목소리) 할머니, 저예요. 문 좀 열어주세요."

대학생 시절 늦은 새벽 집 현관문이 잠겼을 때면 나는 조심스레 할머니가 주무시는 창문에 대고 속삭였다. 몇 번의 부름 뒤엔 언제나 할머니의 온화한 목소리가 들려 왔다. 그리고 현관문이 열렸다. 왜 현관문 열쇠가 없었는지는 아직도 기억나지 않는다. 하지만 나에게는 필요치 않았다. 할머니는 그 무엇도 묻지 않았다. 왜 늦었는지 묻는 대신 꼭 그 밤에도 "밥은?"이라며 되물으셨다. '먹었다'라는 말을 듣고서야 할머니 방에 놓여 있던 원형 모양의 커다란 쿠션 위에 몸을 눕히며 잠을 청하셨다. 커다란 꽃을 닮은 그 쿠션은 할머니에게 침대이자 소파였다. 그리고 어린 손자인 나에게는 포근한 휴식처였다. 마음이 아플 때마다 난 그 쿠션 위에 접히듯 앉아 있는 할머니 다리 품으로 쓰러지듯 안기곤 했다. 할머니는 언제나 그랬듯 아무것도 묻지 않았다. 오직 그 큰 손으로 손자의 머릿결을 쓰다듬어 줄 뿐이었다. 그 속에서 미동도 하지 않고 얼마간의 휴식을 취하고 나면 어느새 마음이 진정되곤 했다. 중년의 나이가 된 지금도 그 촉감을 잊지 못한다. 진정 함께 있어 주는 것만으로 내 몸은 치유되곤 했다.

    2012년 1월 그렇게 포근했던 손길을 세상에서 더는 느낄 수 없게 되었다. 할머니를 떠나보내고 그때의 그 기억을 잠시 잊고 지냈다. 어떤 것과도 견줄 수 없었던 그 감각을 억누르고 살았다는 게 맞을지 모른다. 그러다가 정말 엉뚱한 곳에서 할머니를 발견하게 됐다. 영국의 작은 교실 안을 활보하는 강아지, 바로 그 강아지에 대한 논문에서 잊었던 할머니의 손길을 회상할 수 있었다. 그 강아지는 쾌활하고 사교적이기로 유명한 잉글리쉬 스프링거 스파니엘 품종이었다. 길게 늘어진 큰 귀에 온몸을 덮고 있는 고운 털, 얼굴과 상체를 감싼 갈색빛 무늬가 인상적인 강아지였다. 논문은 '데이브'라는 이름의 강아지가 어린 학생들 사이에서 마음껏 활보하게 만들었을 때 어떤 일이 벌어지는지를 기록한 민족지였다.[1] 데이브는 어느새 학생들에게 마치 나의 할머니와 같은 존재가 되어 있었다. 한 일이라곤 교실 안에서 학생들 사이를 오가며 학생들과 함께 있어 주는 것뿐이었다. 그럼에도 어느 순간 학생들은 서로에게 모두 '데이브'가 되어 있었고, 이를 교실 한쪽에서 기록하던 연구자 또한 '데이브'가 되어 있었다. 논문을 읽은 후 나 역시 오래전 할머니의 품속에 안긴 듯 포근함을 느꼈다.

좀 더 상세히 살펴보자. 논문의 핵심은 9~10세 학생들이 있는 교실 안에 강아지 한 마리를 넣은 이후 벌어지는 학생들의 변화를 관찰 및 기록하는 것이었다. 영국 노섬브리아 대학 사회복지학과 도나 칼라일(Donna Carlyle) 교수는 교실 안 30명의 학생들에게 강아지 데이브가 어떤 변화를 초래했는지를 교실 안에서 직접 참여 관찰했다. 데이브의 몸에는 캠코더가 설치되어 있어 교실 안 움직임 동선은 물론 학생들과의 상호작용이 실시간 기록됐다. 데이브는 말 그대로 교실 안에서 방목됐다. 가지 못할 곳도 없었으며, 정해진 방향도 없었다. 그저 자신의 몸 가는 대로 움직였다.

그는 얼마 지나지 않아 교실 안에서 말 그대로 빅스타가 됐다. 아이들은 데이브 주위에 모이고, 껴안고, 웃었다. 그런데 주목할 지점은 다른 데 있었다. 처음에 아이들은 데이브와 관계를 맺었지만, 점차 데이브를 통해 아이들끼리의 관계도 새로이 형성되기 시작했다는 사실이다. 데이브가 등장하기 전에는 서먹서먹했던 아이들이 데이브를 쫓아다니면서 그전에는 가지 않았던 아이의 자리에도, 교실 공간에도 거침없이 다니기 시작했다. 데이브는 아이들이 뛰어놀고, 관계 맺는 공간들을 확장시킨 것이었다. 칼라일은 영국 지리학자 데렉 맥코맥(Derek McCormack)의 말을 인용해서 다음과 같이 설명한다. "몸들은 움직임의 과정에서 공간들을 생성해내는 잠재력을 지니고 있다."² 실제로 아이들이 머문 교실은 데이브가 온 이후로 한층 더 확장되었다. 언제나 똑같았던 교실이 이제는 매 순간 또 다른 놀이공간으로 변신을 거듭한 것이다.

논문을 읽어가던 중 나는 또 다른 흥미로운 광경을 목격했다. 그것은 교실 한쪽에서 이러한 현상을 관찰하고 있던 칼라일 교수 자신의 경험담이었다. 교실 한쪽에서 조용히 앉아 있던 그녀에게 어느 날 한 학생이 다가와 미소를 지었다. 그리고선 그녀의 팔을 톡톡 치며 등을 감싸면서 말했다. "당신은 데이브예요." 놀라움과 감격의 순간이었다. 학생의 이 한마디를 들었을 때 칼라일이 느꼈을 감동이 글을 통해서도 충분히 전달됐다. 뿐만 아니라 학급 담임 선생님도 어느새 데이브가 되어 있었다. 칼라일은 논문에서 이것을 데이브가 자신은 물론 학생들과 선생님에게까지 "확장"되었다고 표현했다. 그래서일까? 논문의 제목은 「교실 안에서 들뢰즈와 강아지의 리듬에 맞춰 걷기: 즐겁게 있고, 즐거워지고, 함께 행복하기」(Walking in rhythm with Deleuze and a dog inside the classroom: being and becoming well and happy together)이다.

평등한 몸과 몸이 만나는 치유

사실 이러한 연구가 진행된 데에는 중요한 이유가 있었다. 그것은 영국의 아이들이 다른 서구 국가들보다 상대적으로 덜 행복하다는 조사 결과 때문이었다. 어떻게 해서든 아이들이 좀 더 행복해질 방법이 없는지 대책을 마련해야만 했고, 그 고민 끝에 나온 것이 강아지를 교실 안에 함께 머물게 한 것이었다. 한국이었다면 교육 동영상을 보여주는 것으로 끝났을지 모른다. 혹은 학생 개개인의 성격이나 가정환경 탓을 했을지 모를 일이다. 그렇지만 칼라일 교수는 반려견 데이브와 아이들이 언어가 아닌 몸과 몸의 교감을 통해 치유되기를 시도한 것이다. 그 기대처럼 아이들은 데이브와 평등한 존재로서 오로지 감각(촉각, 시각, 후각, 청각 등)에 기반해서 자유롭게 친구가 되었다.

칼라일이 논문의 제목에 '들뢰즈'라는 프랑스 현대 철학자의 이름을 넣은 것은 데이브와 학생의 관계 맺음을 해석하기 위해서였다. 칼라일은 데이브 몸에 설치된 캠코더를 통해 그가 얼마나 무질서하게 끊임없이 교실을 이동하고 그 과정에서 아이들과 어떻게 마주쳤는지를 그려보았다. 그 그림은 데이브가 기존 아이들의 교실 속 움직임을 얼마나 확장하고 재배치했는지를 뚜렷하게 보여주었다. 이전까지 오직 자신의 책상에만, 혹은 친한 친구 몇 명의 자리에만 동선을 그렸던 아이들이 이제는 모두가 데이브가 되어 경계선 없이 움직였다. 칼라일은 이런 데이브의 역할을 설명하기 위해 들뢰즈의 유명한 개념을 통해 이렇게 명명했다. 바로 '배치 전환자'(assemblage converter)*라고 말이다.

나에게는 '배치 전환자'라는 개념을 다르게 기억하게 만든 경험이 있다. '배치'(혹은 어셈블리지)는 '여러 이질적인 것들로 구성된 다양체'를 뜻하는 것으로, 구성요소들이 어떻게 배치되느냐에 따라 전체의 모습이 달라지는 것이다. 예를 들면, 강남대로의 거대한 사거리 한복판을 높은 빌딩 위에서 촬영하면 쉴 새 없이 지나가는 도로 위 차들과 인도 위 행인들로 가득한 사거리의 모습이 담길 것이다. 여느 혼잡한 도시의 사거리처럼 말이다. 그런데 바로 그 공간에 전혀 이질적인 존재 하나가 자리 잡게 될 때 그 공간은 이전과 전혀 다른 공간으로 일순간 '전환'된다. 내 경험에서 그 존재는 사거리 탑 위에서 고공농성을 감행한 사람이었다.** 그렇게 많은 차와 사람들이 오가던 곳에

---

* '아상블라주(assemblage)'는 시각예술에서 주로 쓰이는 용어로 재질(質)이 다른 재료(비닐, 나뭇조각, 종이, 타일 등)를 함께 붙여 만드는 기법인 콜라주(coller)와 비슷한 예술적 형태로 2차원 매체인 콜라주와 달리 좀 더 다양한 재료를 가진 3차원 매체를 가리킨다. 프랑스어인 '아상블라주'는 영어식으로는 '어셈블리지(assemblage)'라고 부른다.
들뢰즈는 실제 이 같은 아상블라주 기법이 보여주는 다양한 재료들의 여러 구성과 구축의 이미지를 철학에 가져와 '이질적인 요소들의 새로운 관계를 창출하여 영향을 주는 작용'을 뜻하는 개념으로 활용하고 있다. 어셈블리지는 흔히 '배치'라고 번역되어 사용되고 있다.

** 해당 사연의 주인공은 2019년 6월 노동조합을 설립했다는 이유로 1995년 해고를 당한 김용희 씨였다. 그는 철탑 위 고공농성을 한지 355일 만에 회사 측의 사과문이 담긴 합의문을 얻게 되었다. 관련된 기사는 다음을 참고하기를 바란다; KBS 뉴스(2020년 5월 30일 기사), 「'고공농성' 김용희 씨 1년 만에 땅으로…25년 만에 '사과'」(출처: https://news.kbs.co.kr/news/view.do?ncd=4458556)

사람 한 명이 추가된다고 그 풍경이 달라질 리 없다. 하지만 어느 곳에 어떻게 배치되느냐에 따라 그 공간의 성격은 한순간 전환된다. 그 한 사람 때문에 나 역시 평소 스쳐 지나가던 강남 한복판에 멈추어 서게 되었다. 그리고 홀로 외롭게 고공농성을 하는 장소에는 나와 같은 익명의 사람들이 몇몇 발걸음을 멈춘 채 서 있었다. 모두들 조금이라도 그의 외로움을 덜어주고 싶었는지도 모르겠다. 나 역시 그에게 짧은 시간이나마 데이브가 되고 싶었던 것 같다.

데이브가 나에게 준 가르침은 위계질서 없이, 평등한 관계로 오직 몸과 몸의 열린 감각들의 교감이 생성하는 에너지가 주는 힘이었다. 현실에선 정말 어려운 이야기일지 모른다. 타인과 교감하고 나아가 공감하는 것 말이다. 나는 데이브를 통해 내 머릿속에 자리 잡은 그 '어렵다'의 이유를 조금이나마 파악할 수 있었다. 그건 아마도 움직이기 전에 너무 많은 생각을 했기 때문이지 않을까 하는 것이었다. 데이브는 생각을 하고(선입견을 가지고, 평가하고) 움직이지 않았다. 그저 아무런 거리낌 없이 움직였다. 즉 움직임이 먼저였다. 모두가 그처럼 소위 '배치전환자'가 되기를 원한다면, 그저 자신의 몸을 다르게 배치시키기를 두려워해선 안 되는 것이었다. 교감, 나아가 공감의 처음과 마지막은 결국 몸을 움직여 그 곁에 서 있는 것 아닐까.

'깊이 이해하기' 보다 '함께 느끼기'

이와 관련해서 나는 폴란드 우치 대학 문화학 교수인 도로타 콜란스카(Dorota Golańska) 교수의 '연민', '동감', '공감'에 대한 이야기를 들려주고 싶다.[3] 별반 차이 없어 보이는 세 단어는 도로타 교수가 말한 영어 표현 compassion, sympathy, empathy를 나름 대응시켜본 단어이다. 우선 'compassion'(연민)이라는 단어는 유럽에서 14세기부터 17세기에 이르기까지 '타인과 함께 고통스러워하기', '고통받는 타인의 입장에서 느끼는 감정' 등을 뜻하는 용어로 사용되었다고 한다. 특히 좀 더 높은 위치에 있는 특권층이 그렇지 못한 사람들에 대하여 가지는 감정을 가리켜 '연민'이라고 한다. 한편 'sympathy'(동감)는 17세기 이후부터 '타인이 느끼는 것을 온 열정으로 느끼는 행위'를 뜻하는 말로 사용되기 시작됐는데, 이때부터 타인의 불행, 고통에만 국한되지 않고 기쁨의 감정에도 사용되었다고 한다. 즉 '동감'은 슬픔과 기쁨 모두를 포함한 감정을 함께 공유하는 것에 초점을 둔 용어였다. 그리스어 'sym-'이 의미하는 것이 '함께'(with, together)인 것을 생각해보면 유추할 수 있을 것이다.

그런데 20세기 초에 들어서서 '연민'과 '동감'이라는 용어가 불균등한 사회적 위계질서를 내포하고, 도덕적 판단을 암묵적으로 유발할 수 있다는 비판이 생겼다. 이때 소개된 것이 도덕적으로 중립적이고, 감정보다는 좀 더 이성적 접근을 내포하는 용어 'empathy'(공감)였다. 여기까지 들으면 결국 '공감'을 뜻하는 'empathy'가 최상의 표현으로 들릴지 모른다. 하지만 도로타 교수는 'empathy'에서 'em'은 'in'을 뜻하는 것으로 누군가의 입장 '안'으로 들어가서 생각해본다는 의미가 내포되어 있다고 보았다. 따라서 '공감'이라는 단어 역시 어원상 '공감을 하는 사람'과 '공감을 받는 사람'을 전제로 하고 자칫 상호 간의 위계질서를 만들 가능성이 존재한다.

　이처럼 연민, 동감, 공감(compassion, sympathy, empathy) 이 세 단어의 어원은 미묘하지만 차이를 지닌다. 물론 현실에서 엄격히 의미를 구분하고 사용하지는 않을 것이다. 하지만 도로타 교수가 각각의 단어를 통해 말하려 한 의미의 차이에 대해 생각해보는 것은 중요해 보인다. 적어도 데이브가 되기를 희망한다면 말이다. 도로타 교수가 시기별 세 단어의 등장과 의미의 변화를 통해 강조하고 싶었던 것은 바로 'empathy'(공감)에서 'sympathy'(동감)로 다시 돌아가자는 제안이었다. 생각으로 깊이 '이해'하는 것보다 함께 '느끼는 것'이 필요하다고 본 것이다. 그녀는 'sympathy'의 단어 속 'sym-'이 뜻하는 '다른 몸들과 함께하기'의 가치를 강조했다. 실제로 그녀는 유대인 홀로코스트 학살의 현장과 같은 트라우마의 현장을 직접 방문하는 것의 가치를 이야기한다. 일명 '다크 투어리즘'이라 불리는 이것은 재난과 참사의 현장을 직접 방문하여 당시의 아픔을 직접 몸으로 체감하는 것을 의미한다.

다시 데이브의 이야기로 돌아가보자. 데이브는 얼어붙은 교실 공간을 한순간에 따뜻한 놀이터로 변환시켰다. 그가 한 일이라곤 오직 '함께' 교실 안에 있어 준 것이다. 데이브도, 아이들도, 선생님과 칼라일 교수, 그리고 교실마저 데이브 이전과는 전혀 다른 것으로 바뀌었다. 물론 물리적으로는 바뀐 건 없다. 그저 교실 밖에 있던 데이브가 교실 안으로 옮겨왔을 뿐이다.

이 이야기를 읽었을 때 내 머리 속에는 프랑스 인류학자 마르크 오제(Marc Auge)가 제시했던 '장소'(place)와 '비장소'(non-place) 표현이 떠올랐다. 오제는 끊임없이 확산되어 가는 도시화의 현실 속에서 '장소'와 '비장소'를 구별 짓는다.[4] 그 차이는 이렇다. '장소'는 함께 거주하는 구성원들 사이의 유대관계가 생겨나고 함께 한 기억들이 축적되는 공간을 뜻하며, '비장소'는 그와 반대로 익명의 사람들이 스쳐가는 기억이 부재한 공간을 의미한다. 대표적 비장소는 오늘날 대부분의 교통 공간, 소비 공간, 커뮤니케이션 공간 등이다. 오제는 점점 더 확장되어 가는 비장소들을 보며 우려의 목소리를 내고는 있지만, 그와 함께 비장소도, 장소도 절대적으로 고정된 것이 아님을 지적한다.[5] 오제의 표현을 따르면, 데이브는 학생들에게 점점 '비장소'로 변해가는 교실을 한순간에 '장소'로 변환시킨 것이다.

칼라일 교수가 데이브를 통해 말하려는 것은 무엇일까. 그것은 공간뿐만 아니라 한 인물의 존재의 의미와 가치는 고정되어 있지 않다는 사실 아닐까. 우리 모두 언제든 다른 신체와의 관계, 만남과 헤어짐을 통해 새롭게 변화될 가능성을 충분히 가지고 있다. 데이브도, 교실에 머물고 있었던 아이들도 서로를 만나기 전과 후가 전혀 달라졌음을 확인하지 않았던가. 다만 데이브와 같은 존재의 새로운 배치를 상상할 수 있는 여유조차 없는 것은 아닌지, 혹은 그것이 가져올 수 있는 열린 변화의 가능성에 대해 상상하지 못하거나 애초에 평가 절하하는 것은 아닌지 생각해볼 필요가 있다. 한국 사회에서 초등학교 교실 안에 강아지를 가져다 놓을 정도의 상상력은 언제쯤 가능해질까. 더 많은 이들이 불행해진 뒤는 아닐는지.

자, 이런 복잡한 생각을 하기 전에 이제 서로 몸을 움직여보자. 머리로 하는 공감이 아닌, 몸으로 함께 하는 동감을 위해서 말이다. 그러면 나도 당신도 모두 데이브다.

2부

몸을 증강시킨 사회

1. 슈퍼인간, 혹은 좀비

"좀비를 만드는 약이 있다고?"

조금은 섬뜩한 이야기이지만, 1982년 하버드 대학교 인류학자 리처드 에번스 슐츠(Richard Evans Schultes) 교수는 그렇게 믿고 있었다. 당시 전설적인 아마존 일대 식물탐험가로 알려진 슐츠 교수는 부두교(Vodou)*로 유명한 아이티 국가에 좀비가 실제 존재한다고 믿었다. 실제로 당시 아이티에서는 부두교 마법사들이 죽은 사람을 무덤에서 살려내는 힘을 지니고 있고, 그

---

* 아이티 부두교는 16세기부터 19세기에 걸쳐 서아프리카에서 아이티로 노예로 팔려 온 흑인들이 믿던 종교를 뜻한다. 프랑스 식민지 시절 가톨릭 신앙으로 강제 개종을 당했던 노예들은 성경을 읽을 수도 이해할 수도 없었고, 백인들 몰래 가톨릭 성자들을 섬기는 척 하면서 아프리카 토속신령과 연관지어 숭배했다고 한다. 이들은 가톨릭의 영향을 받아 유일신을 섬기며, '르와'라고 불리는 정령들과 교감하며 이를 숭배했다. 1942년 영화 〈나는 좀비와 함께 걸었다〉에서 볼 수 있듯이, 아이티 무두교는 좀비와 흑마법과 연관된 것으로 서구 사회에 각인되어 왔다.

2부 몸을 증강시킨 사회 75

렇게 되살린 시체들을 노예로 팔아넘긴다고 이야기가 전해졌다. 하지만 슐츠 교수는 아이티 일대에 특수한 약물(혹은 독약)을 통해 사람의 몸을 일정 기간 사망한 것처럼 만들고, 이후 다시 깨어나(무덤에서 나와) 이성이 없는 좀비 상태로 노예처럼 살아가는 것이라고 추측했다. 이런 그의 해석에 따라 당시 민속식물학을 전공하던 제자 웨이드 데이비스(Wade Davis)는 1982년 4월 아이티에서 소위 '좀비독약 제조법'[1]을 조사하러 먼 길을 나섰다.

  이 여정의 목적은 그 좀비약물의 원료를 파악하여 기존의 마취가스 대신 수술 중 환자의 통증을 완벽히 차단할 수 있는 약물을 개발하는 것이었다. 데이브스는 좀비독약을 제조할 줄 안다는 부두교 사제를 찾아 실제로 좀비독약이라고 주장하는 가루를 얻었다. 하지만 그 제조 과정을 목격했던 데이비스는 이것의 효과에 회의적이었고, 좀비독약의 실체가 사실 '마법의 가루'라고 불렀던 일종의 주문(마법적인 행위)이라는 이야기가 좀 더 설득력 있다고 생각했다. 그렇게 미국으로 돌아온 그는 부두교 사제의 좀비독약 제조에 사용되었던 재료들을 일일이 확인하였고, 그중 실제 무덤에서 좀비처럼 살아나온 사람의 증언에 따라 그가 시체가 되기 전 겪었던 증상들을 통해 특정 약물에 주목했다. 그렇게 동물실험을 의뢰하였고, 그 결과 복어에서 추출한 테트로도톡신이 좀비 신화를 만들 수 있던 약리적 효과를 지녔음을 알게 되었다.[2] 테트로도톡신은 강력한 향신경성 약물로 심각한 신체마비를 일으켜 유능한 의사조차 삶과 죽음의 경계를 구분하지 못할 수 있다(물론 복용양과 방법에 따라 죽음에 이르기도 한다). 이렇게 데이비스는 '살아 있는 시체'로 무덤 속에 갇혔다가 이를 뚫고 좀비처럼 부활할 수 있는 약물의 비밀에 다가갔다.

이 이야기는 좀비 영화의 스토리처럼 스릴 넘치고 으스스하기까지 한다. 인류학자 슐츠 교수는 원주민들의 치료용 식물에 대한 지식이 인류에 획기적인 신약을 제공할 단서를 제공해줄 수 있다고 믿었다. 이런 맥락에서 보면, 좀비에 대한 음침한 소문을 무시하지 않고, 좀비독약 속 비밀을 찾으려 했던 슐츠 교수와 제자인 데이비스의 모험은 그 자체로 가치 있다고 여겨진다.

인간은 오래 전부터 무언가 부족한 것을 채우기 위해 끊임없이 자연으로부터 해답을 찾으려 했다. 인류 역사는 이 같은 실험의 역사이며, 단지 채우고자 하는 것이 무엇인지가 다를 뿐이다. 하지만 데이비스는 자신의 스승 슐츠 교수와 조금은 다른 생각을 지니고 있었다. 그는 화학적 작용만으로 좀비가 만들어진다고 보지 않았다. 그의 탐험 목적은 식물과 동물에서 추출한 화학물질의 작용이 만든 좀비인간의 비밀을 추적하는 것이었지만, 현장에서 아이티인들의 역사과 종교, 그리고 삶을 직접 보고 겪으며 내린 결론은 달랐다. 그것은 가루약이 아니라 정신, 즉 공포가 좀비가 되어가는 '생리적 변화'의 시작이었다.

"(좀비가 된 그의) 운명을 결정지은 것은 가루약이 아니라 스스로의 정신이었다…아이티의 소작농으로서 그는 어린 시절부터 이미 산송장의 실체를 믿도록 순응되었다…이러한 좀비의 숙명은 노예가 되는 것이다."[3] 데이비스가 좀비독약을 찾아 떠나며 목격한 진실은 아이티의 오랜 식민지 및 노예의 역사가 초래한 일상 속 공포였다. 태어날 때부터 노예처럼 살 운명인 아이티인들에게 좀비는 상상 속 존재가 아니었다. 좀비보다 못한 삶과 죽음이 도처에 산재해 있었다. 슐츠 교수가 좀비의 소문에서 신비로운 약을 쫓았다면, 데이비스는 고통받는 아이티인과 마주한 셈이다.

40년이나 된 이 같은 사연이 나의 눈길을 끈 것은 바로 오늘날 미국이 진짜 좀비의 나라가 되었기 때문이다. 최근 뉴스를 통해 소위 '좀비마약'으로 알려진 펜타닐 마약 중독에 대해 한 번쯤 들어보았을 것이다. 실제로 미국 도시 필라델피아에 펜타닐 중독자들이 넘치면서, 이들이 중독된 상태에서 보여주는 좀비와도 같은 기괴한 모습에 '좀비랜드'라 불리고 있다. 펜타닐은 극심한 통증을 조절할 목적으로 만들어진 마약성 진통제로 그 효과가 모르핀의 100배, 헤로인의 50배 정도로 알려져 있다. 매우 강력한 효과만큼, 아주 빠르게 중독된다. 더욱 무서운 건 약 2mg(쌀 한 톨 무게가 29mg이니 얼마나 작은 용량인가)이 치사량이라 한다. 실제 미국에서 2015년~2021년 6년 동안 약 21만 명이 펜타닐 과다복용으로 사망했고, 이것은 자살과 코로나19로 인한 사망자보다 많은 수치이다. 또한 현재 18~45세 청장년층 사망원인 1위를 차지하고 있다.[4] 과연 지금의 미국인들은 일상에서 어떤 공포를 마주하고 있기에 그렇게 많은 사람들이 스스로 좀비가 되는 약물에 빠져들고 죽음에까지 이르는 것일까.

이렇게 질문해보자. 과거 아이티의 좀비를 만드는 독약과 오늘날 미국의 좀비가 되는 마약 중 어떤 것이 더 '기괴한' 현상일까? 전자가 좀비처럼 '살도록' 강제하는 것이라면, 후자가 좀비처럼 '죽도록' 선택하는 것이라고 단순하게 비교할 수 있을까? 그 무엇이든 있어서는 안되는 불행이자 폭력이다. 하지만 주목해야 할 부분은 자연에 존재하는 어떤 신비로운 화학물질을 발견하려는 인간의 호기심이 아니라 바로 그것을 통해 이루려고 하는 '목적'이다. 인간이 원하는 특정한 목적을 위해 자연의 원료를 빌려와 인간을 변화시키려 한 역사 말이다. 좀비독약을 쫓았던 데이비스는 이렇게 고백한다. "약물이 약리학적으로는 특정한 상태를 유발하지만, 이 상태라는 것은 특정한 문화나 심리적인 영향, 혹은 기대치에 따라 가공될 수 있는 원자재"라고 말이다.[5] 그렇다면 인류는 그동안 무엇을 기대하며 가공해왔던 것일까. 그중 단순한 호기심과 열의가 아닌 악덕한 마음은 얼마나 차지하고 있을까.

불안한 사회가 만드는 좀비랜드

역사적으로 화학물질에 대한 모든 기대는 결국 인간의 의식과 감정, 감각 능력에 대한 축소(진통제 등)나 증폭(각성제, 흥분제 등) 아니면 왜곡(환각제 등)이었다. 역사학자 데이비드 T. 코트라이트(David T. Courtwright)는 특히 쾌락과 중독의 차원에서 그동안 가공되어 왔던 원자재들의 역사에 주목해 '변연계 자본주의'(limbic capitalism)라는 개념을 제시한다. 변연계는 뇌의 대뇌피질과 시상하부 사이에 위치하는 일련의 구조물들로 흔히 감정, 기억, 행동, 욕망 등에 관여하는 것으로 알려졌다. 코트라이트는 다국적 기업들이(때로는 정부와 불법단체들이 연루되어) "과도한 소비와 중독을 조장하기 위해 뇌의 변연계를 공략"한다고 지적한다. 그는 "생존에 필수적인 정서적 기능"을 담당하는 "진화의 산물을 사리사욕의 대상으로 바꾸는 비즈니스"를 비판한다.[6]

그는 태초에 인류가 우연한 기회에 유용하고 쾌락을 제공하는 동식물을 경험하게 되고, 이를 쫓으며 전 세계 곳곳에서 보물찾기가 시작되었지만, 점차 그 목적이 단순히 놀이, 쾌락, 통증 완화, 의례의 수단 등을 넘어섰다고 보았다. 특히 그 과정에서 쾌락, 악덕, 중독 이 세 가지 요소가 상호피드백하는 악순환의 고리가 확장되어 갔다고 본다.[7] 산업화 및 도시화의 과정에서 세 요소의 경계선이 희미해지고, 서로의 영역을 더욱 확장시켜 이제는 무엇이 중독이고, 악덕한 유혹이며, 혹은 단순한 쾌락의 놀이적 추구인지 모호한 회색지대가 넘쳐난다는 것이다.

펜타닐의 경우도 암이나 척추신경의 손상 등으로 오는 극심한 통증에 활용할 수 있는 훌륭한 마약성 진통제다. 출발은 이처럼 환자의 고통 완화를 위해서였지만, 이후 악덕한 유혹의 비즈니스로 인해 좀비랜드의 씨앗이 되어버렸다. 이 같은 좀비 마약이 미국 내 확산된 이유는 무엇일까. 모든 것을 설명할 순 없지만, 영국의 건강불평등 연구자로 알려진 사회역학자 리처드 윌킨슨(Richard Wilkinson)과 케이트 피킷(Kate Pickett)은 하나의 설명모델로서 '마음 속(inner level) 불평등' 차원에서 원인을 찾고자 했다.[8] 이들은 사회 전체의 소득격차와 사회적 지위의 차이가 크면 클수록 사회구성원 개개인의 상대적 위치와 상관없이 더 많은 일상 속 불안감을 초래한다고 강조한다. 그 결과 과대한 자존감에 빠지거나 정반대로 과다한 자기비하에 빠질 수 있으며, 일명 '가짜해결책'(false remedy)이라고 하는 각종 유희거리 및 중독에 빠지게 쉽다고 보았다. 오늘날 좀비랜드를 초래한 근본적 원인은 펜타닐이 아니라 불안감을 조장하는 불평등이 만연한 사회에 있는 셈이다.

오늘날 불안을 초래한 원인은 무엇일까. 좀비마약에 중독된 사람들 중에는 높은 학력에, 번듯한 직장을 지녔던 이들도 적지 않았다. 그들이 호기심이든, 우연에 의해서든 마약에 손을

댄 것은 어찌 보면 그 같은 높은 지위를 유지해야만 한다는 긴장감 때문이지 않을까. 사실 이들이 좀비마약을 경험하기 전에도 성공을 위해 또 다른 종류의 약물에 노출되어 있었을지 모른다. 가장 흔하게는 커피와 담배, 술일 것이다. 또한 최근 논란이 되고 있는 것 중에 '공부 잘하는 약'으로 유명한 '애더럴'(상품명)이라는 ADHD(주의력결핍과잉행동장애) 약물이 있다. 한국에서도 수능을 앞둔 10월 애더럴 처방이 급증했다는 기사가 보도된 적이 있다. 수험생뿐만 아니라 직장인 사이에서도 마찬가지다. 하지만 각성 및 집중력 향상에 도움이 되는 약물의 발견이나 이의 과다한 복용 자체가 아니다. 문제는 이것을 '문제라고 생각하지 않는' 문화의 형성이다. 아래는 2018년 넷플릭스에서 출시된 〈Take your pills〉 다큐멘터리에 등장한 실제 미국 대학생 2학년의 인터뷰 내용이다.

"좋은 점만 극대화할 수 있는 뭔가가 있다면 당연히 그걸 최대한 활용하고 갖고 싶겠죠. 이렇게 말한 사람도 있어요. '시험 보는 날 아침을 든든하게 먹고, 커피 마시는 거랑 똑같잖아요. 다른 사람보다 앞서려고 약을 먹는 게 왜 비도덕적이고 비윤리적이야?'"

누구나 다 인정하는 과열된 경쟁사회에서 정상에 오르기 위해 마약도 아닌 약(물론 처방전 없이 불법으로 구매해서 복용하는 것이지만)을 사용하는 것이 전혀 비도덕적이지 않다는 생각. 아침 등교시에 식사 대신 애더럴 한 알을 먹고 하루 종일 밤늦게까지 마치 좀비처럼 약물 기운에 기대어 공부하는 모습이 일상이 되어버린 것이다. 결과만 좋다면, 그 과정에서 어떤 화학물질에 기대어 각성상태를 유지한다고 한들 상관없다. 당장 생산성만을 늘릴 수 있다면, 금단증세가 발생하고 장기적으로 심신에 무리가 간다고 해도 그게 문제가 되겠는가. 이것은 1970년대와 80년대 옛 구로공단에서 산업전사로 불린 여공들이 잦은 밤샘 근무 중 졸음을 쫓기 위해 '타이밍'이라 불린 고카페인 약물을 마치 영양제처럼 복용했던 우리 부모님 세대의 이야기이기도 하다.[9] 오늘날 시험기간에 고카페인 음료 캔이 분리수거함에 가득히 쌓여 있는 것을 보고 있을 때면 지금이라고 얼마나 상황이 바뀌었는지 의문이 들기도 한다.

약물의 활용에 대해 흥미로운 논문이 있다. 1960년 마고 조이스(Margot Joyce)는 많이 알려져 있는 위약 효과(플라시보 효과, 실재하는 약이 없음에도 나타나는 약의 효과)에 대해 소개하는데, 약의 색깔, 크기, 맛, 감촉, 모양에 의해서도 실제 환자들이 느끼는 약효의 차이가 발생한다고 보고했다. 심지어 그 당시 영국에서 일반의사가 처방하는 약의 5분의 1 정도가 모두 상징적인 위약 기능을 지니고 있었다고 한다. 여기서 주목할 점은 바로 "어떤 약이든 2년 이상 복용하게 되면, 환자에게 커다란 상징적 의미"를 가지게 된다는 점이다.[10] 그렇다면 똑똑한 좀비가 되기 위해 복용하는 모든 종류의 화학물질들이 가진 효능이란 과연 어디까지 뇌신경세포의 자극에 의한 것이며, 어디까지가 믿음에 의한 것일까.

앞서 데이비스는 아이티인이 좀비가 되어가는 생리학적 변화의 시작이 좀비독약이 아닌 공포심이라는 심리적 상태라고 지적했다. 인간이 스스로의 육체적, 정신적 능력을 증강시키기 위해 약물에 의존한 역사는 2년은커녕 2백 년, 아니 2천 년 이상일지 모른다. 그렇다면 그 효과란 문화적 기대와 신념에서부터 출발한다고 보아야 하지 않을까. 미국 의료인류학자 재니스 젠킨스(Janis Jenkins)는 '문화적 화학'(cultural chemistry)이라는 개념을 주창한다. 그것은 약의 효과에 대한 이해가 사회문화적 맥락과 결부되어 있다는 것, 즉 약물의 화학적 효과에 문화가 개입한다고 본 것이다.[11]

이것은 반은 옳고 반은 틀린 듯하다. 적어도 앞서 소개한 사례들을 봐도 문화는 화학적 효과에 영향을 주는 것을 넘어(시험성적을 올리는데 ADHD치료용 약을 복용하는 것이 도덕적으로 허용된다) '문화가 곧 화학물질'이다. 한국에서는 구태여 애더럴이라는 약물을 복용하지 않더라도 수많은 학생들이 성적을 끌어올리기 위해 당연한 듯 마치 좀비마냥 밤을 새고 있지 않은가. 심지어 아침마다 애더럴을 복용하는 미국 학생들보다 더 각성된 상태로 말이다.

멋진 신세계

이런 현실을 들여다볼 때마다 항상 떠오르는 소설 작품과 약물이 있다. 바로 올더스 헉슬리의 소설『멋진 신세계』(1932년 작)에서 소개된 소마(soma)라는 약물이다.[12] 헉슬리가 그린 신세계는 생명과학기술에 근거하여 모든 계급을 유전자 조작에 의해 육성하고, 불쾌한 감정을 소마라는 향정신성 약물을 통해 제거해서 오로지 행복감에 도취된 채 살도록 만든다. 웃고 일하고 만족해하는 좀비를 만든 셈이다. 헉슬리는 근대문명의 전체주의를 경계하는 비판적 입장에서 상상 속 소마라는 약물을 만들었다.

그 후 채 20년도 되지 않아 2차 세계대전을 겪은 그는 1958년『다시 찾아본 멋진 신세계』라는 에세이집을 통해 소설과도 같은 당시 현실을 비판했다. 그는 당시 "마음만 먹는다면 어느 독재자가 이런 약들(소마)을 정치적인 목적으로 사용할 수 있으리라는 사실은 분명하다"고 확신했다. 시민들이 그 약을 어떻게 사용하게 만드느냐는 문제가 아니었다. 그는 "약을 구하기 쉬운 여건을 만들어놓기만 하면 저절로 해결될 가능성이 매우 크다"고 말했다.[13] 마치 오늘날 애더럴을 구매하기 위해 온갖 병원쇼핑을 하는 것처럼 말이다. 그의 예견이 66년이나 지난 오늘날에도 적용 가능하니 놀라울 따름이다.

헉슬리의 마지막 소설『아일랜드』(1963년작)에는 또다른 약물 모크샤(moksha)가 등장한다.[14] 이 약물은 앞서 시민의 이성과 감성을 통제하는 약물인 '소마'와 달리 영적 능력을 증폭시켜 깨달음에 다가가게 만드는 영적인 약물로 소개된다. 헉슬리는 이것을 통해 과학문명에 지배되지 않는 이상적인 유토피아 '팔라 섬'을 그리고 있다.

그런데 헉슬리는 현실에서도 자신의 마지막 임종의 순간에 현실판 '모크샤'를 찾았다. 바로 환각제로 알려진 LSD다. 그는 죽기 전 아내에게 LSD 100mg를 주사해 달라고 요청했다고 한다.[15] 이성이 고통 속에 잠식되지 않고 깨어있기를 바라는 마음이었을 것이다. 그의 삶의 마지막이 영적이었는지 모르겠지만, 그의 예상과 달리 현실에서 LSD는 이제 영적인 약물 모크샤가 아닌 광란의 파티를 위한 환각제로 활용되고 있다.

오늘날 가장 대표적 모크샤 혹은 소마라고 하면 우울증 약을 들 수 있다. 현대인이 현실의 긴장 속에서 무너지지 않고 사회 구성원으로서 능력을 유지하기 위해 우울증 약은 마치 영양제처럼 퍼져 나가고 있다. 미국 작가 앤드류 솔로몬의 『한낮의 우울』은 실제 20년간 우울증을 앓았던 작가가 수없이 많은 삶의 고비와 그만큼 많은 정신과 약물들을 경험한 것을 담고 있다. 그의 책을 읽으며 시선이 머문 문장이 있었다.

"주치의는 나의 반응과 설명에 따라 약들을 조절하여 어쩌면 예전과 똑같고 어쩌면 조금 다른 '진정한' 나를 짜맞추어 갔다"[16]

진정한 나. 그것을 짜맞추어 주는 여러 약물들. 솔로몬은 사람들이 '진짜 나'라고 알고 있는 부분 중 화학물질이 차지하는 비율이 적지 않음을 깨닫고 있었다. 나는 이것이 솔로몬에게만 해당한다고 보지 않는다. 오늘날 현대인들은 대부분 자신의 적지 않은 부분을 각종 화학물질에 의존하여 구성한다. 그것이 처방을 받은 약물이든, 합법적 약물이든 간에 말이다. 인간은 이미 좀비를 너머 '화학적 사이보그'인 셈이다.

정말로 이제 인간은 과거의 인간과 다른 종이다. 이것은 단지 각종 화학물질의 개발과 활용에 현대인이 노출되었다는 것을 말하려는 것이 아니다. 인간 자체가 변했다고 말하려는 것이다. 마치 새로운 인종의 출현처럼 말이다. 조금 과장되게 표현하면, 캡틴 아메리카가 슈퍼약물을 주사 맞고 슈퍼히어로의 존재로 변신한 것처럼 말이다. 약물주사로 신체능력을 증강시킨 영화 속 슈퍼인간까진 아니지만, 화학 및 약물 산업의 발달 이후 인간의 몸은 그전과 같은 몸이 아니다. 일의 양과 속도도, 수면의 양과 질도, 식사의 질과 속도도 과거와 달리 증강된 몸을 누리고 있다. 혹자는 약이란 분해되어 배출되면 소멸된다고 말할지 모른다. 하지만 앞서 말했듯 약은 특정 기간 이상 사용하면(2년 이상) 상징적 효과를 발휘하기 시작한다. 슈퍼인간을 요구하는 문화는 그 자체로 화학물질이며, 그 효능을 발휘한다. 그렇게 문화와 화학물질의 발전과 확대 속에서 인간은 새로운 화학적 사이보그 종으로 거듭났다. 약물과 그에 대한 기대가 없는 순수한 나의 모습이란 존재하지 않는 시대이다.

이제 처음으로 돌아가보자. 좀비독약을 사용했던 아이티인들은 여전히 기괴하고 낙후된 비문명권의 표상처럼 회자된다. 마약도 마찬가지다. 얼마 전 중동의 예멘과 아프리카의 에티오피아 북부에서 자라는 환각성 잎사귀 '카트'(Khat)에 대한 기사가 나왔다. 이들 나라에서는 카트가 마약성 약물이 아닌 일상적 문화 활동으로 여겨지고 있어 각종 마약에 빠지는 관문이 되고 있다 우려했다. 그런데 어느 다큐멘터리에서 에티오피아의 휴화산 지대 분화구 호수에서 '검은 소금'을 채취하는 현지인들을 보았다.[17] 생명체가 살기 힘든 강한 염도의 호수에서 그들은 비닐로 코와 귀를 막은 채 맨몸으로 소금을 캐러 들어갔다. 검은 소금은 현지에서 소와 염소를 키우는 데 사용되는 귀한 약재였다. 시력과 청력을 잃고, 나아가 죽음까지 이를 수 있는 작업이었지만 가족의 생계를 위해 검은 호수에서 장시간 노동을 해야 했다. 그런 고된 작업을 마친 사람들이 마을 회관 같은 장소에 모여 카트를 사서 씹고 있었다. 한 무리의 젊은 남성들이 마치 염소마냥 카트 잎을 한 움큼 뜯어서 씹고 있는 장면이 정겨워 보이기까지 했다.

그들이 씹는 것은 환각제 카트가 아니었다. 그들은 함께 모여서 검은 소금 호수 속에서 고생했던 자신들의 고단한 삶을 안주거리처럼 함께 씹고 있던 것이다. 그 과정에서 카트는 그들에게 자연이 준 술이자 피로회복제였다. 하지만 앞서 소개했던 좀비독약 탐험가 데이비스의 표현을 빌리자면, 그 약효의 시작은 환각성 효과가 아니라 함께 모인 무리가 오랜 기간 쌓아온 공동체에 대한 신뢰의 문화 그 자체이지 않았을까. 홀로 씹는 카트는 쓰디 쓴 이파리에 지나지 않을 것이다.

화학적 사이보그인 현대인에게 과연 필요한 신약은 무엇일까. 홀로 애더럴을 복용하고 검디검은 경쟁의 늪 속으로 홀로 뛰어들 것인가. 아니면 어떤 역경이라도 함께 신뢰할 수 있는 문화를 만들어갈 것인가. 정말로 우린 몸에 대해 아직 많은 것을 모르고 있다.

2. 설탕, 그 달콤한 폭력

"두 유 노우 슈거 샌드위치?"

영국 유학 시절 영국 노신사한테서 들은 질문이다. 일주일에 한 번 지역에서 오래 거주한 분들과 저녁에 모여 대화를 나누는 모임이었다. 십 대 때부터 광부로 일을 했다던 노신사는 나에게 어느 날 설탕을 넣은 샌드위치를 먹어보았냐고 물었다. 나는 당연히 모른다고 했고, 그는 아주 진지하게 설명해주었다. 그것은 자신이 광부 시절 탄광 안에서 자주 먹었던 것으로 맛도 있고, 만들기도 쉬우며, 한 끼 식사로 든든했다고 했다. 필요한 건 빵하고 설탕이면 끝이다. 여유가 있으면 버터도 넣고. 그냥 식빵 위에 하얀 설탕 가루를 듬뿍 뿌리면 끝이다. 여기에 저렴한 홍차 잎을 따뜻한 물에 우려 역시 설탕을 넣고 함께 곁들이면 완벽한 광부의 한 끼 식사가 된다고 했다. 노신사는 지금도 그 '추억의 맛'을 종종 즐긴다고 했다. 호기심에 그날 바로 만들어 먹었고, 이후 박사 과정 내내 나의 주된 도시락 메뉴가 되었다. 설탕 가루의 아삭한 식감과 그 풍부한 달콤함. 여기에 따뜻한 차 한잔이면 아침과 점심은 간단히 해결할 수 있었다.

나는 이 슈거 샌드위치가 중앙아메리카의 파나마에서 온 박사 동료의 아침 식단과 매우 유사하다는 것을 알게 됐다. 그는 매일 아침 연구실에 도착하면 간단한 아침 식사를 컴퓨터 책상 위에서 준비했다. 그의 책상 위에는 초코시럽과 먹다 남은 식빵, 그리고 저렴한 커피가루와 연유가 있었다. 그가 제일 먼저 하는 일은 커피포트에 물을 끓이는 것이었다. 그리고선 뜨거운 물에 커피가루와 연유를 넣어 차를 만들고, 식빵에 초코시럽을 듬뿍 바르면 끝이었다. 그렇게 거의 매일 아침 식사를 해결했다. 그리고 언젠가부터 나 역시 기숙사에서 직접 만들어 온 슈거 샌드위치로 그와 함께 아침을 해결하고 있었다. 저렴한 커피가루로 탄 쓰고 따듯한 차와 함께 말이다.

그 사각거리던 설탕의 식감과 보기만 해도 느끼한 초코시럽이 넘쳐났던 파나마 친구의 식빵까지 기억 속에 생생히 남아 있다. 지금 생각해보면, 탄광촌으로 유명했던 영국의 한 마을에서 동아시아와 중앙아메리카 출신의 대학원생이 함께 앉아 싸구려 단맛으로 채워진 칼로리 비축용 아침 식사를 함께 먹고 있었던 장면이 얼마나 많은 역사적 배경 속에 탄생한 것이었는지 놀라울 따름이다. 이제부터 그 놀랍고도 슬픈 설탕과 몸의 이야기를 해보겠다.

아주 저렴한 위안과 기쁨

설탕. 분자식은 $C_{12}H_{22}O_{11}$, 화학구조는 포도당(glucose)과 과당(fructose) 분자가 결합한 자당(sucrose)을 주성분으로 하는 단맛의 결정체이다. 모든 식물은 이산화탄소와 물, 햇빛이 있으면 설탕을 만들 수 있지만, 우리가 아는 설탕은 재배 면적당 생산량이 월등히 높은 사탕수수 혹은 사탕무에서 뽑아내는 것을 말한다. 모든 맛은 기본적으로 혀에 쾌감을 줄 수 있지만, 그 농도에 따라 불쾌감을 유발할 수 있다. 단맛만이 유일하게 농도와 관계없이 쾌감을 준다. 인간과 포유동물이 대체로 단맛을 선호하는 이유가 진화적으로 쓴맛이 독이 든 음식, 단맛이 식용가능한 음식을 나타내는 신호로 작용했기 때문이라는 추측도 있다.[1]

기록상 사탕수수는 뉴기니섬에서 기원전 8천 년경부터 경작되기 시작했다고 한다. 설탕이 최초로 제조된 곳은 인도로 기원전 4세기에 '꿀벌 없이 꿀을 만드는 갈대'(사탕수수)에서 '돌꿀'(stone honey)을 만들었다고 한다. 페르시아에서 500년경부터 사탕수수를 재배했고, 아랍인들이 8세기에 스페인을 정복하면서 설탕이 유럽에 전해졌다. 이후 콜럼버스로 인해 1493년 아메리카 대륙에 사탕수수 종자가 이식되면서 오늘날까지 아메리카 대륙의 역사에 지대한 영향을 끼치게 되었다. 사탕수수농장과 설탕공장에서 노예로 일할 아프리카의 흑인들이 중남미에 실려 오고, 설탕 제품은 반대로 유럽을 향해 실려 갔다. 이렇게 대서양은 오랜 기간 흰 화물(설탕)과 검은 화물(노예)을 가득 실은 상선들로 가득했다.[2] 인류학자 시드니 민츠(Sidney Mintz)의 말대로 설탕은 세계사에 있어 거대한 인구 이동의 동력이었다.

어떻게 이 오랜 기간 설탕이 노예무역의 주된 동력이었을까. 이 질문에 대해 내가 맛을 본 슈거 샌드위치에서부터 이야기하려 한다. 시간으로 보면 200년 전 1800년대 영국 사회이다. 영국에서 설탕은 1650년에는 희귀품이었지만, 1750년에는 호사품(차에 설탕을 넣어 마시는 인구의 증가)으로, 그리고 1850년 이후로는 가난한 자들이 가장 많이 소비하는 생활필수품으로 변모했다. 『설탕과 권력』의 저자 시드니 민츠는 특히 영국의 산업혁명 당시 서구 유럽에서 설탕과 차(카페인이 함유된 홍차와 커피) 등이 노동자 사이에서 일명 '드럭푸드'(drug foods)의 역할을 했다고 본다. 민츠는 드럭푸드인 설탕이 노동자들의 "배고픔의 고통을 잠시 마비시켜" 주며, "영양가를 공급해주지도 않으면서도 더 큰 노력을 자극"한다고 설명한다.[3]

민츠는 영국의 노동자들이 상류층을 모방하기 위해서, 혹은 본성적으로 단맛을 좋아해서가 아니라 "새로운 노동 시간과 휴식 시간 일정들, 변하는 고용 조건, 농업 노동자가 대지주에 의

지하여 살던 의존 관계의 종식, 생산 체제의 발전과 그 이후 공장 체제의 발전, 이러한 식사 습관에 있어서 변화의 상황 조건들"로 인해 설탕이 지닌 매우 구체적인 이득에 의존하게 되었다고 보았다.[4] 그는 이때 설탕이 아래의 설명처럼 노동자의 주식이었던 차갑고 딱딱한 빵을 따뜻한 홍차와 함께 먹을 수 있게 해줌으로써 '위안과 기쁨'이 되었다고 보았다.

"설탕을 넣은 차는 뜨겁고, 자극적이고, 칼로리가 풍부했다는 것, 임금을 벌기 위해서 어려운 여건 아래서 힘겨운 노동을 하는 것이 차를 마시게 된 전형적인 상황이었다는 것, 차는 썰렁한 식사를 따뜻하게 만들어 주는 효과를 가지고 있었다는 것, 이러한 점들은 모두 한결같이 중요한 요점들인 것 같다."[5]

실제로 설탕이 들어간 차는 노동자들이 당시 먹기 거북했을 빵 덩어리를 많이 먹게 해주었을 뿐만 아니라(아마 내가 먹었던 슈거 샌드위치가 그랬던 것처럼) 일하는 주부들이 식사 준비에 들어가는 시간과 연료 비용을 절감해 주었다고 한다. 실제로 영국은 1900년에 들어서서 인구 1인당 총 칼로리 섭취량 중 설탕이 평균 약 1/6을 차지하게 되었다.[6] 설탕은 방부제로서 과일과 함께 잼으로 만들어졌고, 1864년 영국에서는 이미 싸구려 잼과 빵이 가난한 집 아이들의 하루 두 끼의 주식이었다.[7] 민츠는 그렇게 벌게 된 식사준비 시간에 여성과 아이들이 싼 임금

에 힘을 소진하게 하는 일들을 하게 되었으리라는 것은 의문의 여지가 없다는 지적 또한 잊지 않았다.[8]

민츠는 이렇듯 설탕이 가난한 노동자들의 칼로리 부족을 보충하는 중요한 역할을 했으며, 이것을 전 세계적인 현상으로 보았다.[9] 그리고 이러한 설탕 소비의 증가를 근본적으로 영국 사회의 자본주의 발달 과정에서의 "권력의 행사가 빚어낸 귀결"로 보았다. 관련해서 미국의 문화역사학자인 마크 애론슨과 그의 아내 마리나 부드호스는 아래와 같이 '세계를 바꾼' 설탕의 역할을 설명한다.

"영국 전역, 특히 맨체스터와 리버풀과 같이 검은 연기로 가득 찬 도시들에서는 공장 안에 호각 소리가 울려 퍼지면 노동자들은 일제히 쥐고 있던 프레스를 내려놓고 우르르 몰려 나와 설탕으로 단맛을 낸 차 한 잔을 재빨리 마셨다. 그들은 보통 따뜻한 음료에 빵 한 조각을 적셔 먹었다. 곧 영리한 공장장은 이 잠깐의 휴식과 단 것을 한 입 먹고 싶어 하는 욕구는 하나의 기회라고 생각했다. 그래서 영국 노동자들에게 설탕으로 맛을 낸 쿠키와 사탕이 제공되었다. 오늘날 에너지바라고 불리는 이러한 식품들은 노동자들이 그것을 재빨리 집어 먹고 장시간 교대 근무를 수행하도록 촉진했다."[10]

위에서 묘사한 1800년대 영국의 상황은 오늘날에도 별반 다르지 않을 것이다. 미국의 의료인류학자 메릴 싱어(Merrill Singer) 역시 설탕을 포함한 드럭푸드들이 생산에 대한 끝도 없는 자본가의 압박과 그로 인한 권태감에서 잠시 벗어나게 해주는 "짧은 화학적 휴식"(brief chemical respite)이라 설명한다.[11] 내가 한때 광부였던 영국 노신사로부터 배운 슈거 샌드위치가 완벽하게 여기에 해당할 것이다. 그 효과를 유학 시절 나 역시 맛보지 않았던가. 하지만 먹을 것이 없어 오로지 에너지원으로서 저렴한 설탕을 소비했다는 사실은 단맛의 효과만을 운운할 수 없게 만든다.

설탕이라는 불평등의 역사

그런데 여기서 민츠가 보지 못한 설탕의 대중화 이후의 사태가 있다. 설탕은 인구의 거대한 이동을 초래한 것은 물론이고 바로 당뇨병이라는 질병의 전 지구적 불평등을 일으켰다. 내가 영국 유학 시절 놀랐던 것은 서아프리카 가나에서 온 박사과정 대학원생의 연구주제였다. 그는 가나에서 감염병보다 더 큰 국가 보건학적 문제로 당뇨병이 대두됐고, 이를 해결하기 위한 구체적 방법을 연구하고 있었다. 그가 알려준 사실은 서구에서 당뇨병이 음식의 '과잉' 섭취에 의한 결과(즉 성인 비만형 당뇨병)로 비춰지는 것에 비해, 가나와 같은 비서구권 국가에선 오히려 양질의 식사가 '결핍'되면서 싸구려 설탕으로 만들어진 정크푸드가 주식이 된 결과라 했다.

이와 관련해서 과학 및 건강 분야 전문기자인 게리 타우브스는 『설탕을 고발한다』 책을 통해 설탕이 현대인의 몸에 어떤 영향을 주는지를 다루는 서구 과학자들의 '사악한' 면모를 폭로한다. 타우브스에 의하면, 영국 의사 윌러비 가드너가 1901년 〈영국의학학술지〉에 스포츠 선수의 경기력을 향상시키는 약물로서 설탕의 가치를 강조했다고 한다. "너무 지쳐서 거의 의미 있는 결과를 내지 못하는 근육이 다시 일하는 데 필요한 힘"은 약 30g의 설탕만 투여하면 45분 안에 회복된다고 발표한 것이다. 비슷한 시기인 1897년 독일 의회는 군인들을 대상으로 설탕의 효능을 시험하였고, 설탕을 배급받은 병사들이 그렇지 않은 병사들에 비해 훨씬 건강하고, 적은 힘을 들이고도 어려운 훈련을 견딜 수 있다는 결과를 얻게 되었다. 그 결과 독일군의 설탕 배급량을 하루 60g으로 올리기로 결정했다.[12]

이렇게 과학의 영역에서도 설탕의 능력에 대한 칭찬 일변도의 분위기였지만, 현실은 그 정반대였다. 19세기 후반부터 이전까지 드물었던 질병이었던 당뇨병이 서서히 증가하기 시작한 것이다. 그렇지만 당뇨병을 유발하는 식품이 정확히 무엇인지에 대해서는 논란이 많았다. 당시에는 "한평생 탄수화물을 마음껏 먹어도 절대 당뇨병이 생기지 않는다"라는 주장도 있었으며, 정신적 스트레스를 원인으로 지목하기도 했다. 또한 당

시에는 부유층의 게으른 생활과 부족한 활동력을 문제시하고 있었다.[13]

물론 당뇨병 확산의 원인으로 설탕 소비의 증가에 대해서도 주목하게 되었다. 특히 1913년 미국 의사 프레더릭 앨런은 "설탕 소비는 의심할 여지없이 증가 일로에 있다. 당뇨병 또한 계속 증가하고 있다는 것이 일반적인 인식이며, 설탕을 가장 많이 섭취하는 인종과 사회계급에서 발생률이 가장 높다"라고 발표하였다.[14] 그렇지만 1920년대 중반 미국에서 당뇨병 사망률이 치솟고 있을 때 당시 미국 내 영향력 있는 당뇨병 전문가(특히 앨리엇 조슬린)에 의해 설탕은 거의 완전히 면죄부를 받게 되었다.

당시 설탕은 당뇨병의 주원인이 아닌 것은 물론이며, 원인 중 한 가지에 속하지도 않는다고 여겨졌다.[15] 조슬린과 같은 막대한 영향력을 지닌 당뇨병 전문의는 당뇨병 유행의 원인으로 비만과 지방이 풍부한 식단을 지목했다.[16] 이러한 견해는 오랫동안, 어쩌면 오늘날까지도, 설탕을 시민들의 머릿속에서 당뇨병의 원인에서 지워버리는 역할을 하게 되었다. 타우브스는 이렇듯 설탕의 진실이 확고한 신념에 가득 찼던(심지어 확실한 근거도 없이) 과학자들의 선입견에 의해 오랜 기간 묻혀 왔고, 그 결과는 자연스레 설탕 산업과 소비의 지속적 확산으로 이어졌다고 보았다.

사실 의사인 나로서는 어떻게 설탕을 강력한 피로회복제이자 에너지원으로만 인식하고 그렇게 오랫동안 당뇨병의 원인으로 주목하지 못했는지 당혹스럽기까지 하다. 왜냐하면 아주 오래전부터 천문학적인 양의 설탕을 생산해 내기 위해서 대규모 설탕농장과 설탕공장에서 얼마나 많은 노예와 노동자가 고통 받았는지 역사가 말해주기 때문이다. 애론슨과 부드호스는 "아프리카에서 카리브해, 루이지애나, 나아가 하와이에 이르기까지 잔혹한 고문, 강간, 살인의 이야기들이 망령처럼" 설탕산업 현장에 따라다녔으며, 고용주들의 잔혹한 "폭력은 바로 설탕이 돋아나는 토양"이었다고 비판했다.[17] 관련해서 가장 대표적 나라로 알려진 곳이 바로 쿠바이다. 쿠바를 여행한 사람들은 하나같이 그곳에 도무지 먹을 게 없고, 신선한 야채와 과일을 먹는 사치는 일찌감치 포기해야 한다고 말한다.[18]

이유는 모든 논과 밭이 오랜 기간 사탕수수 재배에 빼앗겨 왔던 역사 때문이다. 1800년대부터 사탕수수 농장이 본격화된 이후 쿠바는 1900년대 초반 중남미에서 사탕수수 생산으로 큰 부를 누리는 국가가 되었다. 특히 미국에서 산업화 이후 설탕 소비가 폭발하고(앞서 영국 사례에서 소개한 것과 같은 이유로 인해) 유럽이 1차 세계대전으로 황폐화되면서 쿠바산 사탕수수는 호황을 누렸다. 하지만 이러한 호황도 1929년 대공황에 의해 거품이 꺼지면서 쿠바의 금가루였던 설탕이 졸지에 휴지조각처럼 평가 절하되었고, 그 여파가 오늘날까지 이어져 오고 있다.

2019년 쿠바 아바나 의과대학에 재학 중이었던 김해완은 쿠바의 이 같은 역사가 어떻게 현재 쿠바인들의 당뇨병을 유발했는지 신문지면을 통해 생생하게 전달해주었다.[19] 그녀는 이렇게 말한다. "모든 어려움에도 불구하고 (쿠바에서) 절대로 동이 나지 않는 식품이 딱 하나 있다. 바로 설탕이다. 아쑤깔(Azúcar)!" 그녀는 쿠바 땅에서 최근 400년 동안 설탕이 부족했던 적이 단 한 번도 없다고 말한다. 바로 16세기 스페인 제국이 금 한 조각 나지 않는 '빈 깡통' 같은 섬을 설탕농장으로 개발했고, 그렇게 쿠바의 존재 이유가 이후 설탕이 되어버렸다. 1959년 혁명 정부 수립 시 사탕수수 단일 작물 경제체제에서 벗어나려 했지만, 이 또한 실패한 채 지금에 이르렀고, 그 결과 쿠바에는 "진정한 자족 상품"인 "설탕이 스며들지 않은 음식이 없고, 설탕에 잠식되지 않은 신체를 찾기 어렵다"라고 한다. 그렇게 쿠바 인구의 23%가 비만이며, 인구 10명 중 한 명꼴로 당뇨병을 앓고 있었다. 그리고 그 뿌리에는 '설탕 중독'이라는 지독한 고질병이 퍼져 있었다.

당뇨, 가난의 질병

설탕 중독이 초래한 당뇨병은 그렇게 만만한 병이 아니다. 특히 쿠바처럼 사탕수수 재배 이외에는 자족 상품이 변변치 않은 중남미 국가들에서는 더더욱 그러하다. 최근 이와 관련해서 너무나 놀라운 인류학 연구를 접하게 되었다. 그것은 멕시코와 온두라스 사이에 있는 중앙아메리카의 가장 작은 나라 벨리즈에 대한 미국 MIT 대학 인류학 교수 에이미 모란 토마스(Amy Moran-Thomas)의 『설탕과 함께한 여행』(Traveling with sugar)이라는 책이다. 책의 첫 시작은 당뇨를 앓고 있던 P 여사의 앨범 속 모습이다. 그의 남편은 교사였던 아내의 모습을 보여준다. 페이지가 넘겨지면서 아이의 엄마가 되고, 할머니가 된 그녀는 앨범에서 사라지더니 갑자기 목발을 짚고 나타났다. 남편은 "슈가!"라고 짧게 설명한다. 다음 사진에서 그녀는 손주들과 크리스마스 때 찍은 사진에서 오른쪽 발 전체가 사라진 모습으로 등장했다. 그리고 이어진 한 결혼식 사진 속에는 이제 그녀의 양쪽 다리가 무릎 아래로 잘려 나가 있었다. 그렇게 사진이 바뀔 때마다 그녀는 몸 일부를 잃어 갔고 앨범에서 끝내 사라졌다.

　모란 토마스는 남편이 사진 속 아내의 몸 일부가 사라질 때마다 "슈가!"라고 말했던 것을 잊을 수가 없었다. 벨리즈에서 당뇨병은 가난의 질병이자, 신체의 형태를 변형시키는 질병이었다.[20] 팔다리가 멀쩡했던 부모님의 모습은 시간이 흘러가면서 사진 속에서 조금씩 몸의 일부가 절단된 모습으로 변화한다. 그리고 그러한 모습은 결국 자녀 세대에 이어진다. 끔찍하지만 피할 수 없고, 언젠가는 다가올 미래였다. 당뇨병은 흔히 비전염성 질병으로 알려졌지만, 모란 토마스는 벨리즈의 당뇨

병을 '준 전염성'("para-communicable") 질병이라 설명한다.[21]

이처럼 설탕은 잼과 같이 방부제로 음식의 부패를 막아줬지만, 정작 인간의 몸 안에서는 당뇨라는 질병을 통해 몸의 부패를 초래해왔다. 내가 주목한 것은 바로 이 설탕이 지닌 인간 몸에 대한 상반된 작용이다. 지친 몸에 활기를 불어넣어 주지만, 결국 몸에 당뇨를 초래하여 기력을 빼앗아가기도 한다. 설탕 이외에는 먹을 식자재가 부족한 곳에서는 슈거 샌드위치와 설탕이 가미된 차가 그러했듯 간단한 한 끼 식사로 삶을 유지하게 해주었지만, 결국 당뇨 때문에 다리가 썩어 들어가 절단해야만 하는 비극을 숙명처럼 받아들여야 하는 사람들도 있다. 이해가 되는가? 마음껏 먹을 것이 설탕밖에 없는 나라가 어디 있으며, 그것으로 인해 몸의 일부가 썩어 들어가는 병이 생겨 사지의 일부를 조금씩 절단해 가야만 하는 나라가 있다는 사실이 말이다. 하지만 모란 토마스가 목격한 벨리즈에 거주하는 흑인 원주민 가리푸나(Garifuna)인들에게는 이것이 엄연한 현실이었다. 그녀가 방문했던 지역의 4명 중 1명이 당뇨병(여성의 경우 3명 중 1명)을 앓고 있었고, 그중 6명에 5명꼴로 당뇨병 합병증으로 인해 사지절단술을 받았다. 벨리즈에서 '설탕 기계'는 곧 '당뇨 기계'였고, "설탕은 살인적 재화"(Sugar was a murderous commodity)이며 당뇨는 "소리 없는 살인자"("silent killer")였다.[22]

모란 토마스는 이렇듯 설탕이 초래한 충격적인 벨리즈 가리푸나인들의 삶을 소개하는데, 거기에는 설탕이 가리푸나인들에게 과거 노예시절에도 지금과 동일한 사지절단을 초래했던 역사적 사실도 포함되어 있다. 그것은 설탕농장에서 도망간 가라푸나인 노예의 다리를 잘랐던 것이었다. 그런데 오늘날에는 과도한 설탕 소비로 인해 당뇨병이 발생하고, 제대로 된 치료를 받을 수 없어 발에 난 작은 상처들이 조금씩 궤양을 초래하며 발을 썩어가게 했다. 결국 괴사의 진행을 막고자 발목 밑에서, 무릎 밑에서, 무릎 위에서 점차 다리를 절단하게 되고, 끝내 죽음에 이르고 있었다. 모란 토마스가 만났던 가리푸나인들의 가족사진 앨범은 이 같은 비극을 잘 보여준다. 그녀가 '준 전염성' 질병이라 지적했듯, 벨리즈에서 당뇨병은 설탕의 역사 속에서 그렇게 가족 구성원 모두가 '차례로 걸리게 되는 병'으로 인식되었다.

나는 여전히 설탕을 거부하지 못해 당뇨병에 걸리고, 또한 그것을 피할 수 없는 것은 물론이고 사지절단이 불가피한 병으로 받아들이는 곳이 있다는 것을 듣고도 믿기 힘들다. 그러면서도 나와 같은 연구실을 사용했던 파나마 출신의 박사 동료가 설탕이 듬뿍 들어간 아침 식사를 맛있게 하던 모습을 또렷이 기억한다. 벨리즈는 파나마 옆 나라다. 물론 그 친구의 개인적 식성일 수도 있고, 넉넉하지 않은 경제적 상황 때문에 그러했을지도 모른다. 하지만 나 역시 슈거 샌드위치와 차 한 잔이 주는 달콤한 온기에 허기진 하루를 시작하던 시절이 있지 않았던가. 인류는 정녕 이 달콤한 백색가루에 지나치게 의존하는 몸에서 벗어날 수 없는 것일까. 그렇게 하기에는 설탕산업이 걸어온 오래된 폭력과 불평등의 역사가 너무나 광범위한 것일까.

　무엇이 되었든 하얀 입자 속에 숨겨진 거대한 탐욕과 착취의 역사를 끊어내야만 할 것이다. 지구 위 누군가의 몸이 더는 숙명처럼 잘려 나가지 않기를 바란다면 말이다.

3.   담배 이전의 몸,
담배 이후의 인류

"젠장, 당신들이 여기 마오리족 산모들 흡연 문제를 알기는 하는 거야!"

유학 시절 영국 내 유일한 담배 연구 인류학자인 지도 교수 앤드루 러셀(Andrew Russell) 덕분에 영국 안팎의 관련 전문가들을 만날 기회가 있었다. 그중에서도 잊을 수 없던 기억은 뉴질랜드에서 온 금연정책 여성전문가가 워크숍 뒤풀이 자리에서 격분했던 모습이었다. 자초지종은 이러했다. 당시 2016년 전후로 뉴질랜드에서는 마오리족 여성, 특히 산모들에게까지 일반 담배 흡연을 대체할 목적(일명 '해로움 줄이기[harm reduction]'의 일환)으로 전자담배를 적극 활용하는 방안을 추진 중이었다. 이에 대해 워크숍 자리에서 임신 중 전자담배의 안전성 및 해로움 문제를 지적하는 질의가 있었다. 워크숍은 그럭저럭 잘 마무리되었지만, 이후 만찬자리에서 그녀의 격앙된 속마음을 들을 수 있었다. 그녀는 너무나 많은 마오리족 산모들이 임신 중에도 흡연을 멈추지 못하고, 그로 인해 유산, 조산, 저출생아 출산, 난산 등에 직면해 있음을 강조했다. 완벽한 대체재는 없다고 하지만, 그렇다고 아무것도 하지 않고(물론 금연을 위해 적극적으로 노력했음에도 실패한 상황에서) 아기와 산모의 불행을 지켜만 봐야 하는 것이냐며 울분을 토했다. 그녀에게 일반담배에서 전자담배로의 전환은 단순히 의학적 논쟁의 문제가 아니었다. 그것은 부족의 미래가 걸린 문제였다.

여러분은 흡연을 민족의 미래가 걸린 일로 생각해본 적이 있는가. 쉽게 납득하기 어려운 전제이지만, 마오리족 여성들은 오래전부터 거의 세계 최고 수준의 높은 흡연율로 알려져 있다. 2006년 마오리족 여성 15세~24세의 흡연율은 61%, 25~29세는 39%, 30~39세는 57%에 이르렀다. 그리고 임신 시 흡연율이 43%, 출산 후 흡연율도 34%에 달했다(2007년 기준).[1] 더욱 놀라운 사실은 일반적인 상식과 달리 마오리족 여성의 흡연율은 42%로 남성 34%보다 무려 8%나 높게 나타났다(2015년 기준). 비슷한 시기 뉴질랜드 전체 성인 흡연율이 13%인 것에 비해 마오리족 원주민의 전체 흡연율이 31%에 달했다고 하니 얼마나 심각한 문제인지 간접적으로나마 이해할 수 있다. 더욱이 마오리족 여성의 사망원인 1위가 암(남성은 암이 2위)이라는 사실은 문제의 심각성을 잘 보여준다.

이러한 상황은 바로 옆 호주에서도 비슷했다. 2014 및 2015년 기준으로 호주 원주민의 흡연율은 39%인 데 비해 비원주민은 14%로 3배나 차이가 났다. 그 결과 원주민은 비원주민보다 수명이 10.6년이나 짧았다고 한다(2010~2012년 기준).[2] 이 모든 결과를 종합해보면, 마오리족 여성은 비원주민보다 흡연으로 인해 수명이 적어도 10여 년이나 짧아진 위기에 놓여 있고, 또한 태아들의 건강까지 위태로운 상황인 셈이다. 왜 워크숍 자리에서 그녀가 그토록 격분했는지 조금이나마 이해할 수 있을 것 같았다.

그렇다면 바로 다음과 같은 질문을 던질 수 있다. 그녀들은 왜 그렇게 흡연을 하는 것이냐고. 마오리족 여성은 교육 수준이 낮거나, 혹은 그 부족만의 특징적 문화 때문에 흡연율이 높은 것 아니냐고 지적할지 모른다. 실제로 뉴질랜드에서 '마오리족 원주민과 닮은 꼴'은 곧 '흡연자'로 인식한다는 조사 결과까지 있을 정도다.[3] 물론 실제로 부족의 정체성과 높은 흡연율이 어떠한 상관관계가 있는 것은 아니며, 그것보다는 낮은 사회경제적 지위와 밀접히 연관되어 있었다.

마오리족 여성의 흡연율이 높은 것은 그들 부족만의 특성이 아니라 그들이 가장 취약한 사회경제적 계층에 속하기 때문이었다. 실제로 마오리족 원주민 사이에도 취약지역 거주자가 3.5배 높은 흡연율을 보이는 것으로 나타났다. 결국 마오리족 원주민 여성, 그리고 남성도 포함하여 이들의 높은 흡연율은 서구 유럽인의 오래된 이주의 역사 이후 그들이 안정적인 사회경제적 지위를 박탈당해 왔다는 간접적 증거라 할 수 있다.

상품화된 담배 이후의 사회

그럼 이제부터 위 질문에 대해 나름 '인류학적으로' 답해보고자 한다. 뉴질랜드에 서구 유럽인과 함께 그들이 피우던 담배가 소개된 것은 1700년대 후반(정확히는 제임스 쿡에 의해 1770년에)으로 알려졌다. 그런데 기록에 따르면 호주만 해도 그때까지 16종의 니코티아나속(Nicotiana)에 속하는 토착식물이 있었고, 서구식 담배가 소개되기 수 세기 전부터 이미 담배를 사용한 것으로 알려졌다. 물론 아메리카 대륙에서 서구인이 발견한 담배의 종류는 니코티아나 타바쿰 등으로 다른 품종이었다.[4]

호주의 원주민은 담배를 주로 두 가지 차원에서 사용했다고 한다. 첫째, 아메리카 대륙의 원주민이 그러했듯 호주의 원주민은 일련의 문화행사 혹은 의례에 담배를 중요한 도구로 활용했다. 둘째, 실용적 차원으로서 담배는 호주의 드넓은 사막을 횡단할 때 원주민에게 꼭 필요한 '흥분제와 굶주림 억제제'로 높이 평가받았다. 또한 전사들의 사기를 높일 때도, 다른 부족과의 거래에서 교환 수단인 통화로서 사용되기도 했다. 당시 호주 원주민은 주로 담배를 씹어서 발생하는 액즙을 사용했다. 척박한 땅의 특성으로 담뱃잎의 공급량이 많지 않아 원주민 사이에서 중요한 통화로 사용되었고, 따라서 담배는 부의 상징처럼 받아들여졌다.

이처럼 원주민 사이에서 귀하고 유용한 존재였던 것을 서구의 유럽인들로부터 매력적인 상품(입담배, 코담배, 흡연용 담배 등)으로서 제공받게 되었을 때 반기지 않을 이유가 있었을까. 그래서일까? 당시 원주민은 유럽식 담배 제품의 사용에 있어 어떠한 제약 혹은 금기도 정하지 않았다고 한다. 신과 대화하기 위한 의례의 도구도 아니었고, 거친 사막을 횡단하며 버티게 하는 대용식품도 아니었다. 그저 청소년과 여자들도 사용할 수 있는 온전한 오락 수단으로서 받아들여졌다.[5]

인류학자로서 궁금한 지점이 바로 이 분기점이다. 상품화된 담배가 존재하지 않던 사회와 그것이 소개되고 확산된 이후의 사회는 어떠한 차이가 있었을까. 몇몇 개인의 취향과 생활습관의 변화가 아닌 그 사회에 어떤 변화를 초래했는지 말이다. 일단 태평양 지역의 섬나라 원주민에게 서구 유럽식 담배가 소개되었을 당시 다양한 풍경을 살펴보자. 1769년 4월 13일 제임스 쿡 선장이 이끄는 영국 해양 탐사선 인데버 호는 남태평양의 타히티 섬에 도착했다. 소위 '지구상의 파라다이스'라 불렸던 이 섬은 지구상의 에덴동산처럼 유럽인에게는 황홀한 꿈의 공간이었다. 하지만 유럽인이 타히티 원주민들에게 제공한 것들은 마치 그들과 함께 온 고양이와 같은 파괴력을 지녔다고 묘사된다. 강력한 포식자가 없던 타히티 섬의 토착 동물들을 서구의 고양이가 마구 잡아먹었듯이 그들이 선물로 건네준 술과 담배에 타히티 원주민들은 흠뻑 빠져들었다.[6]

타히티 섬에서 서쪽, 그리고 호주 바로 위 파푸아 뉴기니 섬에 유럽의 담배가 소개되었을 때에도 급속히 확산되었다고 한다. 당시 기록에는 달콤한 당밀에 적신 담뱃잎을 꼬아서 만든 스틱형의 씹는 담배가 전달되었다고 되어 있다. 이것이 얼마나 뉴기니 섬 원주민 사이에 확산되었냐면, 담배가 없으면 사람들은 살 수 없는 지경이 되었다. "내 담배가 다 떨어지면, 나는 집안에 그냥 머물러 있는다. 나는 힘이 하나도 없게 되고, 그냥 숨만 쉴 뿐이다"라는 증언이 남겨져 있을 정도였으며, 아이들이 엄마라는 말보다 담배를 가리키는 단어(kuku)를 먼저 배울 정도였다. 담배는 성별 구분 없이 아이들 사이에서도 널리 사용되었고, 심지어 엄마가 공장에서 일을 하러 나갈 때 갓난아이를 재우기 위해 담배를 주고 나왔다고 한다.[7]

파푸아 뉴기니 섬에서 오랜 기간 현장연구를 진행했던 인류학자 테렌스 헤이즈(Terence E. Hays)는 이 같은 원주민이 담배에 의존한 삶에 대해 과거 전통적 담배의 사용과 다른 점을 지적한다. 그는 서구 유럽인에 의해 식민지화되기 전에도 담배경작과 흡연이 이미 확산되었을 테지만, 당시에는 주로 정신 상태의 변화를 유도하는(psychoactive) 일종의 환각제로서 각종 의례의 중요한 도구로 활용되었기 때문에 연령 및 성별 제한이 매우 엄격했다고 설명한다. 그에 비해 새롭게 소개된 담배는 의식의 변화를 유도하는 담배 속 니코틴의 중독성이 강했기 때문에 사용량이 증가했으며, 이전에 한 번도 사용해본 적이 없던 물건이었기에 어떠한 규칙도 존재하지 않았다. 헤이즈의 표현처럼, 정말로 서구는 '텅 빈 공간'에 니코틴이라는 화학물질을 쏟아부었고, 그 공간을 오락 목적의 행위로 급속히 채워버렸다.[8]

헤이즈는 이렇게 유럽인들이 중독성을 지닌 아메리카산 담배 상품을 통해서 태평양 섬의 원주민들을 새로운 노동력으로 편입시킬 수 있는 통제력을 얻었다고 설명한다. 처음에는 환대의 목적으로 준 선물이, 점차 값을 지불하고 살 수 있는 상품으로, 나아가 노동의 대가로 지급되는 월급으로 정착한 것이었다. 이처럼 서구 유럽의 남태평양 지역에 대한 식민지 확장 과정에서 담배가 중요한 교두보가 되었음을 지적한 인류학자가 있다. 윌리엄 얀코비아크(William Jankowiak)와 다니엘 브래드버드(Daniel Bradburd)는 총 186개 문화집단의 자료가 담긴 민족학 자료집 『The Standard Cross-Cultural Sample』을 중심으로 서구 유럽 국가들이 식민지에서 일명 드럭푸드(drug food)라 불렸던 술, 홍차, 커피, 담배 등을 노동 강화제(labor enhancer)로 활용한 역사를 조사했다.[9]

그 결과 드럭푸드 상품이 유럽의 식민지 확장 과정에서 보편적으로 세 단계에 걸쳐 활용되었음을 밝혀냈다. 가장 먼저 초기 단계에서는 술과 아편, 마리화나 같은 상품을 제공하면서 원주민들의 관심을 이끌어 유럽과의 교역에 참여하게 만들고, 이를 유지시키기 위해 지속적으로 해당 상품을 제공했다. 다음 단계로 어느 정도 교역이 안정되면, 원주민들의 육체노동량과 노동 강도를 증가시키기 위해 위와 같은 드럭푸드 상품을 제공했다. 그런데 마지막 단계에서는 노동의 효율성을 증진시키기 위해 제공하는 상품의 종류를 기분 완화제가 아니라 카페인, 니코틴과 같은 각성제로 바꾸었다. 술과 같은 경우 단조롭고 장시간 지속되는 고된 육체노동을 달래주는 데는 효과적이었지만, 숙취 등의 문제가 발생하곤 해서 좀 더 맑은 정신과 각성 상태를 보장해주는 커피, 홍차, 담배 등으로 대체한 것이다. 이처럼 원주민들의 자원과 노동력을 착취하는 과정에서 드럭푸드의 화학적 특징이 적극적으로 활용되는 모습을 보고, 얀코비아크와 브래드버드는 이를 노동강화제라 이름 붙였다.

사회 구조를 뒤바꾸는 담배

이제 처음의 이야기로 다시 돌아가보자. 오늘날 뉴질랜드 마오리족 여성들이 흡연율이 지극히 높은 것은 그들이 담배를 특수하게 선호하는 특징이 있는 것도, 흡연의 해로움에 대한 지식이 절대적으로 부족해서도 아니다. 그보다는 1770년 처음 제임스 쿡 선장이 담배를 이들에게 소개했을 때부터 담배의 특수한 성격으로 인해 많은 것을 빼앗길 운명에 휘말린 것이었다. 앞선 사례에서 원주민들이 씹고 피우는 담뱃잎에 얼마나 빠르고 깊이 빠져버릴 수 있는지 알 수 있다. 인류학자 헤이즈는 당시 남태평양의 섬나라들에 오락성 환각물질이라고는 빈랑나무 열매(betel-nut) 정도였고, 이것의 강도는 담배에 견줄 바가 못 되었다고 한다. 담배는 원주민들에게 진정 신세계였던 셈이다. 그런데 중요한 점은 이것이 절대로 원주민 개개인의 중독에 그치지 않는다는 사실이다. 이와 관련하여 매우 흥미로운 인류학 연구가 있다. 그것은 담배가 어떻게 한 집단의 사회성을 완전히 과거로 회귀불가능한 상태로 변환시켰는지에 대한 인류학적 탐구이다.

인류학자 피터 블랙(Peter Weston Black)은 1968년 팔라우 공화국에 속하는 서태평양의 아주 작은 토비(Tobi) 섬에서 현장연구를 진행했다.[10] 그곳은 당시 단 58명의 원주민만 거주하고 있었다(현재도 약 30명이 인구의 전부라 한다). 토비 섬의 사람들은 미국인 어선이 난파되어 도달했던 1833년까지 담배를 전혀 '모르던' 사람들이었다. 그렇지만 70년이 지난 1901년 독일 탐험가가 도달했을 때 토비 섬 원주민들은 담배에 흠뻑 빠져 있었다고 한다. 토비 섬은 모든 담배를 그곳을 거쳐 가는 상선으로부터 확보하고 있었다. 따라서 항상 담배의 공급은 주기적으로 이루어졌고, 불가피하게 담배가 섬 안에서 부족한 때가 찾아왔다. 그러자 담배에 의존도가 심했던 원주민들은 초조하고 불안해져서 사회적 활동을 피하게 되었다. 니코틴 금단증세였다. 이로 인해 신경이 예민해졌고, 원주민들은 사회적 교류를 차단하고 각자 자신의 집 안에 머물렀다. 그렇게 담배가 공급되기만을 기다렸다. 그러다 새로운 공급에 의해 담배가 풍요롭게 되면 원주민들은 언제 그랬냐는 듯 서로에게 담배를 건네주며 끈끈한 친교의 시간을 가졌다.

담배가 소개되기 이전에는 항상 유머가 넘치고, 상호협력하며, 서로 공유하는 원만한 사회적 관계를 유지하던 토비 섬은 담배의 등장 이후 주기적으로 사회성이 상승과 하강의 기로에 섰다. 그리고 담배의 분배를 관할하는 연장자와 분배를 받아 사용하는 젊은이들 모두 담배의 원활한 사용에 '책임'을 져야만 했다. 이렇게 담배는 이들의 사회성 자체를 변환시켰다. 또한 담배가 부족한 시기가 항상 도래했기에 평소 담배를 많이 확보한 원주민이 곧 부와 권력을 소유하게 되었다. 담배의 가치가 높아지면서 이전 사회에 존재하지 않던 사회경제적 지위가 등장하게 된 것이었다. 더불어 담배가 부족한 시기에 누군가 홀로 담배를 숨겨 놓고 사용한다는 소문이 끊이질 않으면서 사회에 불신풍조도 나타나게 되었다.

인류학자 블랙이 토비 섬 사례를 통해 말하려 했던 것은 담배가 지닌 생리학적 특징을 단순히 개인의 중독성으로만 해석하는 데 머물러서는 안 된다는 점이다. 그는 담배가 사회의 구조를 어떻게 변화시킬 수 있는지 토비 섬 사례를 증거로 제시하려 했다. 나의 지도교수였던 러셀 교수는 자신의 책 『담배의 인류학: 비인간 세계 속 민족지적 탐험』에서 이 점을 강조한다. 담배가 한 사회에 제시되는 방식과 함께 담배가 스스로를 제시하는 방식을 통해 사회를 들여다보아야 한다고 말이다. 말하자면, 인간이 담배를 어떻게 사용하느냐를 넘어 담배의 물질성이 인간 사회에 어떤 영향을 끼치는가, 하는 것이다.[11] 인류가 상품으로 담배를 발견하고, 만들고, 제시했다면, 그 이후는 담배의 몫일 수 있다.

실제로 아메리카 대륙에서 수많은 원주민들이 엄청난 수의 환각제 식물을 발견하고 사용했지만, 그중 가장 보편적이고 공통적인 식물은 바로 니코티아나속 식물이었다. 담배라는 식물은 사탕수수와 달리 소규모 재배로도 가치가 있었기에(단 한 장의 담뱃잎만으로도 사용가치가 있었기에) 지리적 제약이 적었으며, 사용 시 그 효과가 빠르고 예측 가능한 범위였으며, 비교적 짧은 시간 내에 사라지고, 다른 환각성 식물에 비해 생명에 위험이 따르지 않는 것은 물론 기능적으로도 다양하게 사용할 수 있다는 특징이 있었다. 또한 실질적인 약효(진정제, 자극제, 위장 기능 촉진 등)에 대한 경험적 증거들도 한몫했다.[12] 결국 담배가 지닌 특징은 인간이 발견했지만, 그 특징으로 인해 인간 사회의 모습도 짐차 변화하게 되었다.

타고난 자연환경의 영향 때문인지 아메리카 원주민 사회에는 서구 유럽보다 최면 작용이 있는 식물을 7~8배나 많이 알고 있었고, 이것을 여러 목적으로 활용하고 있었다 한다. 특히 남아메리카와 멕시코에는 이 같은 식물종이 130여 개에 달한다는 보고도 있다. 물론 여기에 담배 식물종도 포함된다.[13]

그런데 1492년 콜럼버스가 유럽인 최초로 아메리카의 원주민들의 '신기한 잎' 사용을 목격했을 때 담배의 사회성은 이것이 유럽에 소개되어 급속히 확산되었을 때의 그것과는 전혀 달랐다. 아마도 이 후자의 모습이 지금 현대사회의 흡연 행위에 더욱 흡사할 것이다. 아메리카 원주민들은 담배와 같은 환각식물 속에 힘이 지닌 영혼이 깃들어 있다고 믿었다. 흡연은 담뱃잎에 들어가 있는 초자연적 힘이 자신의 몸속으로 들어오는 것과 같은 것이며, 변화된 의식 상태에서 그와 같은 초자연적 영혼과 대화할 수 있다고 믿었다. 이러한 행위는 집단의 종교적 지도자인 샤먼만이 할 수 있도록 엄격히 제한되어 있었다.[14]

반면, 담뱃잎이 콜럼버스를 통해 16세기 유럽에 확산되었을 때 그 밑바탕에는 당시 유럽의 도시 및 농촌의 빈민층 사이에 일상화되어 있던 약물에 의한 '환각과 황홀의 경험'이 주효했다고 평가받는다. 이것의 이유로 당시 가난의 섭생이 지목되었는데, 당시 유럽 사회에서 '굶주림'에 대한 대표적 대처방식으로 '가벼운 환각 경험'이 매우 보편적이었다고 한다. 배고픔을 잊기 위해 잔디와 흙을 먹는다거나, 오줌을 마신다거나, 밀짚으로 만든 빵을 먹는 일들이 있었다. 이런 상황에서 공복감을 억제하는 데 효과가 있으면서 정신적으로 급격한 변화를 초래하지 않는 물질이 있다면, 받아들이지 않을 이유가 없었을 것이다. 바로 이 조건에 가장 부합한 물질이 담뱃잎이었다.[15]

아메리카 원주민 사이에서 담배가 그것이 지닌 영적인 지위로 인해 철저히 소수의 샤먼에서만 이용되었다면, 유럽 사회에서는 가난의 문화를 통해 남녀노소 모두에게 급속히 확산되었다. 그렇게 뿌리 내린 담배는 다시 서구가 침탈한 아메리카 대륙 안에서도 빠르게 확산되었다. 재미난 사실은 1800년대 중반 미국의 거리가 씹는담배의 대유행으로 인해 온통 가래침 투성이었다는 점이다. 1842년 영국의 유명 소설가 찰스 디킨스가 미국 전역을 여행했는데, 전국이 온통 가래 진흙탕처럼 느껴졌다고 한다. 대도시 워싱턴도 담배로 변색된 '침 천지'였으며, 법원과 병원에도 온통 가래 뱉는 그릇과 상자가 놓여 있었다고 묘사했다.[16] 당밀과 감초가 혼합된 씹는담배는 입 안에서 평균 한시간당 300cc의 침을 분비시켰다고 하니 가래침 천지였다는 디킨스의 지적이 거짓이 아닐 것이다. 이 또한 참으로 아이러니한 모습이다. 그렇게 미개하다고 비방했던 아메리카 원주민들은 철저한 규제 속에 담뱃잎을 사용했고, 문명인임을 자처했던 신대륙 지배자 미국인들은 무분별한 담배 사용으로 길거리를 온통 지저분한 가래침으로 뒤덮었으니 말이다. 작디작은 토비 섬에서 목격했듯 거대한 신대륙에서도 담뱃잎은 기존의 사회를 바꾸는 데 또다시 성공한 듯 보인다.

앞서 인류학자 얀코비아크와 브래드버드가 서구 유럽국가들이 식민지에서 담배와 같은 드럭푸드 상품들을 단계별로 원주민들의 노동강화제로 활용했다고 소개했다. 이것은 단지 식민지에만 해당하는 것이 아니었다. 두 인류학자는 산업혁명 시기 유럽에서도 드럭푸드가 동일한 목적하에 이용되었다고 지적한다. 예를 들면, 산업혁명 초창기 단순 노동이 많이 필요한 대규모 농장, 탄광, 상선, 군대, 공장 등에서 술을 노동강화제로서 적극 활용하였다. 그러나 이후 산업자본주의가 발달하고 정교한 기술을 필요로 하는 영역이 확장되면서 숙취에 빠지게 하는 술은 그 매력을 상실하게 되고, 오히려 일터에서의 음주 행위가 통제되었다. 그 대신 커피, 홍차, 코코아, 설탕, 그리고 담배 등이 새로운 노동강화제로 활용되기 시작한 것이다.[17]

그런데 이것은 담배가 유럽 노동시장에 어떻게 제시되었는지만을 보여준다. 담배는 노동자 사이에서 그 스스로의 역할을 단지 노동력 증진에만 국한시키지 않았다. 1880년대 종이 말이형 궐련 담배가 공장에서 대량 생산되기 시작하면서 유럽 청소년들 사이에서도 저렴한 가격으로 확산되기 시작했다. 이를 통해 흡연은 청소년이 비로소 노동의 세계에 들어왔음을 선포하는 의례적 상징으로서 자리매김하게 되었다고 한다. 즉 공개적 흡연의례는 사내다움과 독립을 상징하는 징표가 되었다. 1930년대 및 40년대 영국 노동계급의 흡연 습관을 조사한 인류학자들에 의하면, 흡연이 노동계급 사이에 공격적 남성문화를 형성시켰다고 보았다. 꽁초를 짓밟고, 뭉개버리고, 멀리 내던지는 행위 등 그들만의 문화를 형성하는 데 기여했다는 것이다. 흥미로운 것은 영국의 유명한 담배 파이프 상품인 브라이어 파이프(Briar Pipe)는 영국인의 냉철하고, 건실하며, 상식에 기반하는 '인종적 상징'의 징표로 여겨졌다고 한다.[18] 누구의 손에 어떤 담배의 제품이 놓여 있는지에 따라 그가 노동자인지 신사인지를 표시해주는 문화가 구축된 셈이다.

흡연이 사라지는 세상이 가능할까

여기서 아주 바보 같은 질문을 던져본다. 인류는 담배 이전의 세상으로 돌아갈 수 있을까? 인구가 채 50명이 되지 않는 토비 섬에서 담배가 다시 사라진다면, 그 이전의 사회로 되돌아갈 수 있을까? 적어도 다음의 두 인류학자는 그것이 불가능하다고 말하고 있는 듯하다. 옥스퍼드 대학의 인류학자 앤드루 셰라트(Andrew Sherratt)는 인류의 역사에서 소위 '정신활성 물질들'(psychoactive agents)을 사용한 역사는 담배 이전부터 존재해왔다고 지적한다. 단지 어떤 '정신' 활동인지에 따라 그 규제와 선호의 역사가 달랐을 뿐이다.[19] 앞에서 한 질문은 다음의 질문과 유사할지 모른다. 우리가 휴대폰 없던 시절로 돌아갈 수 있을까? 전구가 없던 시절, 자동차가 없던 시절로 돌아갈 수 있을까? 물론 아무도 동의하지 않을 것이다. 이것들이 가져다준 물리적 편리성을 포기할 수 없기 때문이다. 마찬가지로 담배가 활성화시킨 주기적인 정신 상태가 이미 정상적 기준으로 받아들여진지 오래된 사회에서(흡연율이 많이 감소되었다 하더라도) 그 이전으로 돌아가는 것은 불편함을 넘어 일종의 정신적 퇴행과도 같을지 모른다(물론 몸에 해로운 담배를 피우자는 이야기가 절대 아니다). 이건 단순히 니코틴에 길들여진 신체를 말하는 것이 아니다.

인류학자 재니스 젠킨스는 '약물화된 자아'(pharmaceutical self)라는 개념으로 이를 설명하려 한다. 그녀는 현대인의 '자아는 약물에 의해 이끌리며, 동시에 약물을 향해 이끌린다'(self, oriented by and toward pharmaceutical drugs)고 강조한다. 여기서 핵심은 바로 '약물화된 이미지'(pharmaceutical imagery)로 상징되는 자아의 모습이다.[20] 담배라는 정신활성 물질에 효능감을 만끽하는 기억과 상상 속 자아의 이미지는 그 자체로 힘을 발휘한다. 담배가 사라진다 할지라도, 그 이미지는 이미 개인과 사회의 역사 속에 뿌리 깊게 남아있다.

이제 다시 영국으로 돌아가보자. 영국은 세계적으로 정부 중심으로 전자담배를 금연정책에 적극 도입한 대표적 국가다. 담배를 끊지 못하는 이들에게 해로움을 줄이기 위한 방편으로 전자담배로의 전환을 적극 권장해왔다. 그 노력 때문일까? 영국의 성인 흡연율은 2022년 기준 13%로 매우 낮다(한국은 17.7%).

그런데 그 부작용으로 청소년(14~15세 기준)의 일반담배 일일 흡연율은 점차 감소하여 1.1%로 떨어진 반면, 전자담배 사용은 2020년을 기점으로 급격히 상승하여 2022년 10.1%에 달한다.[21] 무려 10배나 차이 나게 증가한 셈이다. 영국 정부가 '덜 해롭다'고 공표하며 적극 활용한 전자담배가 이제 새로운 골칫거리가 된 것이다.

이 새로운 담배가 영국 사회에 소개된 이후, 그것은 영국 사회의 풍경을 새롭게 변화시키기 시작했다. 관련해서 직접 경험한 것이 있다. 얼마 전 국제 한국학 학회 발표차 영국 북서부 잉글랜드의 프레스턴(Preston) 지역을 방문했다. 시간이 남을 때 지역의 번화가와 시장을 돌며 전자담배가 10년 사이 영국 사회에 어떠한 변화를 초래했는지를 목격하려 했다. 내가 10년 전 처음 영국 유학을 시작했던 거리의 풍경과 냄새부터 달랐다. 달콤한 전자담배의 향을 길거리에서 쉽게 느낄 수 있었다. 대형 베이핑 샵이 이 작은 도시 번화가에 세 곳이나 있었고, 가격도 일반담배의 1/3 수준이었다. 가게 사이로 종종 홈리스도 보였고, 저렴한 피쉬앤칩스를 아이들과 벤치에 앉아 먹는 가장도 보였다. 그리고 한 켠에서는 10대 청소년 남녀 무리가 전자담배의 하얀 연무를 연신 내뿜고 있었다. 1900년 초 영국 노동자 계급 청소년들이 피우다 남은 꽁초를 거칠게 뭉개고 집어던지던 장면은 기대한 연무 덩어리로 대체되었다. 그 연기는 마치 그들을 주변 사회로부터 가리는 진짜 연막(smokescreen)처럼 느꺼졌다.

  나에게 이 새로운 담배 제품의 무서움은 그것이 지닌 신체적 해로움에 대한 의학적 논쟁에서 비롯되지 않는다. 그보다는 기존 담배와 달리 충전만 되어 있다면, 커다란 저가의 액상만 준비되어 있다면, 시간과 장소에 구애받지 않고 쉼 없이 스스로를 세상과 격리시킬 수 있다는 사실이다. 영국의 작은 마을에서 목격했던 그 청소년들처럼 말이다. 이제 인류는 이 새로운 담배 제품을 통해 어떤 사회를 마주하게 될 것인가. 연결 혹은 단절?

4. 통제할 수 없는 상처, 통제하는 식욕

"함께 말라 죽을 친구 구해요." "나비약과 뼈말라족"

세상에 말라서 함께 죽자니, 농담으로도 쉽사리 하기 어려운 표현들이 언제부턴가 진담처럼 온라인에서 유통되고 있다. 그뿐일까. 최근 소위 섭식장애(Eating Disorder)와 관련된 신조어들, 씹뱉, 먹토, 폭토, 개말라, 캐말라, 뼈말라 등과 같은 줄임말도 어느덧 현실용어 안에 자리를 잡은 듯하다. 나아가 신경성 식욕부진(혹은 거식증)을 긍정하는 프로아나(pro+anorexia)부터 신경성 식욕항진(혹은 폭식증) 및 식후 구토를 긍정하는 프로미아(pro+bulimia)라는 용어까지 이제 설명 없이 대화에 끼어들 때가 많다. 심지어 줄임말로 스스로를 '프아'라고 소개하는 청소년들도 있다. 의사인 나도 처음 듣는 sw, cw, ugw*와 같은 몸무게 용어들도 일상적 기호처럼 쓰인다. 놀라운 사실은 그들 사이에서 몸무게는 '줄이는' 것이 아닌 '조이는' 것으로 표현된다는 점이다. 그들에게 몸은 강제로 제재를 가할 대상인 셈이다. 마치 몸을 포박하듯 자신의 몸을 옥죄어 놓는다.

문제의 심각성은 수치로도 확인된다. 2023년 기준 최근 5년 사이 식사량을 극단적으로 제한하여 체중 감량을 시도한 거식증 환자가 30% 늘었고, 그중 10대 여성이 가장 많다고 한다. 2020년 청소년건강행태조사에 따르면 중고교 여학생 42.3%가 최근 30일 동안 체중감소를 위해 노력한 적이 있다. 10대 여성 사이에서 체중 감량 보조제로 유명한 잔트랙스의 경우 소분 판매와 트위터를 통한 나눔까지 이루어지고 있다. 그뿐인가. 소위 나비약, 눈사람약, 땅콩약 등으로 불리는 식욕억제제(성분명: 펜터민)까지 불법 구매하여 복용한다.

많은 분들이 나비약에 대해 한번쯤 들어보았을 것이다. 이 약은 뇌 중추신경계에 직접적으로 작용하는 물질이기 때문에 의사의 처방이 있어야 하는 향정신성 의약품이며 16세 이하에게는 처방조차 금지된 약이다. 하지만 10대 사이에서 SNS를 통해 공공연히 불법거래되고 있다. 일반인들이 잘 모를 수 있지

---

* sw=start weight(시작 몸무게), cw=current weight(현재 몸무게), ugw=ultimate goal weight(목표 몸무게)

만, 사실 나비약이라 불리는 펜터민은 마약류로 관리되는 암페타민(예, 필로폰)과 같은 계열의 약이다. 따라서 나비약 불법 거래자는 곧 마약사범으로 처벌받는다.[1] 왜 극단적 체중감량을 위해 마약사범까지 되기를 서슴지 않는 것일까.

2023년 2월에 20대 초반의 여성이 다이어트약 일곱 종류를 4개월 이상 복용하던 중 환각 상태에서 운전하다 교통사고를 일으킨 일이 있었다. 대한민국이 마약 청정국이라고 하지만, 다이어트약이 그 틈새를 비집고 들어오는 형국이다. 그 목적이 환각이 아닌 몸무게를 조이기 위해서인 것이 다를 뿐이다. 어디서부터 잘못된 것일까. 가장 오래전부터 언급되어 온 이유는 아마도 미디어의 영향일 테다. 최근에도 온갖 광고를 통해 유명 가수의 파란약, 빨간약 홍보가 끊이질 않는다. 마음껏 먹어도 살이 '컷팅'된다고 홍보하는 멋진 몸매의 모습은 건강미의 화신처럼 소개된다. 혹자는 이게 실제로 얼마나 큰 영향이 있겠냐고 반문할지도 모르고, 그래서 연구하기도 어려운 주제다.

관련해서 주목할 연구가 있다. 애초에 텔레비전 자체가 존재하지 않던 지역에 텔레비전이 도입된 이후의 변화가 뚜렷이 남아 있는 곳에서 진행된 연구다. 남태평양 피지 섬에는 1995년이 되어서 텔레비전이 도입되었다. 이후 3년 만에 피지 10대 소녀들의 11.9%가 음식을 '토하게' 되었다고 한다.[2] 전통적으로 피지 섬 주민들은 풍만한 몸을 미적으로 선호했으며, 여러 산업화된 나라들에서 목격되는 '마른 몸에 대한 압박감' 지체가 존재하지 않았었다. 오히려 반대였다. 잘 먹고자 하는 높은 식욕을 권장하고 체중이 빠지거나 식사를 잘 하지 않는 것을 면밀히 살피는 것이 보편적이었다.[3] 그런데 이런 오랜 전통이 무너지는 데 겨우 3년도 채 걸리지 않았다. 누구도 직접적으로 이를 강요한 적이 없었을 것이고, 그저 미디어 속에서 매력적으로 비치는 서구의 여성들을 보며 동경의 마음이 생긴 것일지 모른다. 이것을 단지 상이한 문화 간 접촉에 의한 변화, 즉 문화접변(acculturation)의 자연스러운 현상으로만 이해할 것인가. 영국의 다이애나 왕세자비의 폭식증 치료를 했던 것으로 잘 알려진 심리치료 전문가 수지 오바크(Susie Orbach)는 비서구 지역의 젊은이들이 스스로의 몸을 혐오하고 앞장서 개조하려 애쓰는 모습을 일종의 근대의 병리적 현상으로 보며 개탄했다. 나아가 "신체혐오는 서양의 은밀한 수출품"이라고 비판했다.[4]

혐오는 단지 몸에 국한되지 않는다. 그것은 자신이 속한 인종으로까지 쉽게 번진다. 몸매를 포함해 몸을 감싸고 있는 특정 인종의 피부색마저 혐오의 대상으로 쉽게 포획된다. 미국 인류학자 돈 쿨릭과 스웨덴 인류학자 타이스 마샤도-브르헤스는 브라질 여성들이 몸 안에 축적되는 '지방'을 몸 밖으로 배설하기 위해 월급보다 많은 돈을 플로칼(flocal)(성분명:Orlistat)이라는 '지방흡수 억제제'를 구매하는 데 소비하는 현상을 소개했다.

한국에서도 2000년 초반 기름진 음식을 마음껏 먹은 후 이 신비로운 약(예를 들어 제니칼[Xenical])을 복용하면 몸 밖으로 지방만 쏙 배출해주는 것으로 폭발적 인기를 끌었다. 그런데 브라질 여성들의 욕망은 지방 그 이상의 것을 빼기를 욕망했다. 제3세계 빈민국에서 벗어나 제1세계 미국의 백인 여성처럼 피부마저 더욱 하얗게 바뀌기를 원했다. 그들은 살결이 더 하얄수록 부유하며, 세련된 것으로 받아들였다. 쿨릭과 마샤도 브르헤스는 브라질 여성들이 지방 빼는 약을 통해 화장실 물과 함께 쓸어버리고자 했던 것은 지방뿐만 아니라 '제3세계, 빈곤, 유색 인종'의 신체적 흔적들이었다고 말한다. 브라질 여성들이 삼키는 것은 파란색의 이 작은 알약이 아니라 그 속에 담긴 '제1세계'라고, 그 자체로 주술적 힘을 지닌 것으로 말이다.[5]

마른 몸이 말하고 있는 것들

음식은 인류학에서 오랫동안 중요한 주제였다. 음식은 그 자체로 '생각하기 좋은'(good to think) 존재다. 차거나 뜨겁거나, 짜거나 싱겁거나, 날 음식이나 익힌 음식이거나, 동물성이거나 식물성이거나, 먹을 수 있거나 그렇지 못한 것이거나. 식이장애를 연구한 미국 인류학자 레베카 레스터(Rebecca Lester)는 음식이 풍부한 상징의 대상인 이유는 바로 '관계'의 문제, 즉 사회적 대회 및 연결의 매개체였기 때문이라고 지적한다.[6] 음식은 누군가를 먹여 살리기 위한 생계수단이었고, 누구에게 어떤 음식을, 얼마나 분배하느냐는 인류의 역사와 궤를 같이한다. 오랜 기간 집을 떠나 있을 때 가장 먼저 생각나는 것이 집밥이며, 힘든 여정을 마치고 집에 온 가족에게 가장 정성스럽게 주는 것도 집밥이지 않던가. 그렇기에 레스터는 음식에 단지 영양소만 있는 것이 아니라 풍부한 감정(a bearer of affect)이 담겨 있다고 말한다.[7]

문제는 이 음식에 수치심이라는 부정적 감정이 달라붙기 시작했다는 점이다. 그런데 이 또한 결국 '관계'의 문제라는 연장선에 있다. 음식은 이제 생계의 수단이 아닌 타인의 시선이 머무는 몸(매)을 변형시킬 수 있는 죄책감의 대상으로 생각되기도 한다. 오바크의 지적처럼 이런 현상이 미디어의 영향에 의해서든, '다이어트, 제약, 식품, 성형수술, 스타일 산업'에 의해서든,[8] 몸은 이제 음식을 대신하여 갖가지 감정들이 중첩되는 '생각하기 좋은' 상징의 대상으로 자리를 잡은 것만은 분명하다. 오바크는 이러한 현실에 대해 다음과 같이 일갈한다.

"요즘 사람들은 과거 사회조직이 기틀로 삼았던 이분법적 제약을 거부한다(상류계급/노동계급, 흑인/백인, 숙련/비숙련). 하지만 몸에 대해서만큼은, 좋은 몸과 나쁜 몸이라는 이분법이 해소되지 않았다."[9]

영국의 의료사회학자 크리스 쉴링(Chris Shilling)은 이러한 현실에 대해 이제 몸은 그냥 주어진 것으로 받아들여지지 않는다고 말한다. 오히려 몸은 "개인의 자아 정체성의 일부로서 수행되어야 하고 완성되어야 할 일종의 프로젝트"로 받아들여진다고 지적한다.[10] 최근 젊은 여성 사이에서 소위 '마른 근육'이 유행처럼 번지고 있다. 마른 것만으로는 충분하지 않고, 탄탄한 몸매가 워너비 몸매로 인정받는 셈이다. 이것은 단순히 이상적인 몸을 만들기 위한 프로젝트를 넘어서 "경쟁력 있는 나를 만들어야 하는 책임"으로 여겨진다. 마르면서 탄탄하지 않은 몸은 '나쁜' 몸이며, 무책임하고 의무를 다하지 않은 결과로 받아들여진다.[11] 몸은 이렇게 사회적 관계 및 대화의 핵심적인 소재로 자리 잡고 있으며, 변하는 것은 단지 구체적인 평가의 기준일 뿐이다.

그렇다면 몸은 단순히 좋은 평판을 위한 프로젝트의 대상에 그치는 것일까. 이것을 이해한다고 '함께 말라 죽을 친구'를 찾는 청소년을 온전히 이해할 수 있을까. 이것을 제대로 이해하기 위해서는 그러한 대화가 초래하는 사회적 관계의 연결과 단절에 대해 깊이 들여다보아야 한다. 스웨덴 인류학자 파니 앰보손은 스웨덴 십 대 소녀들 사이에 오가는 '살(특히, 지방)에 대한 이야기'(fat talk) 속에서 모순된 지점을 잘 보여준다. 예를 들면 이러한 대화다. "욱, 으웩" "내 팔 봐! 팔 좀 보라고. 살이 출렁거려! 소름끼쳐!" 스웨덴 고등학교 2학년 여학생들은 이렇게 자신들의 살에 대해 경쟁적으로 자백한다. 앰보손의 눈에 그들의 몸은 너무나 날씬했다. 살에 대해 불평하는 여고생 중 누구도 실제로 살찐 사람은 없었다. 그녀들은 마치 지방이 "자신들의 몸 안 어딘가에 둥지를 틀고, 악의를 품은 채 숨어" 있다고 보았다.[12] 그곳에서 앰보손이 발견한 것은 너무나 역설적인 대화였다. 그것은 '살이 없어야지만, 살이 많다'라고 말할 수 있다는 사실이었다.

반면에 살이 찐 학생은 공공연하게 자신의 뚱뚱한 몸매에 대해 불평할 수 없었다. 왜냐하면 살찐 몸은 그 자체로 대화에 참여할 수 있는 자격을 부여받지 못했기 때문이었다. 오직 살이 없는 사람만 살에 관해 말할 수 있는 자격을 인정받았다. 앰보손은 이를 다음과 같이 말한다. "진짜 살이 있는 사람은 상징적 살을 가질 수 없다." 이 지점에서 앰보손은 살에 관한 이야기 속 사회적 관계의 법칙을 발견했다. 그것은 몸매에 대한 불쾌함의 토로는 그 자체로 불만족의 표현일 수 있지만, 궁극적으로는 "친구라는 인맥망에서 자신의 자리를 보장해주는 역할"을 한다는 사실이었다. 정말로 날씬하고 몸매를 지닌 여학생이 자신의 몸에 대해 뚱뚱하다고 말하지 않을 경우 잘난 체하는 사람으로 외면당했다. 이렇게 스웨덴 여고생들은 끊임없이 날씬한 몸매를 유지하려 노력함과 동시에 자신의 날씬한 몸에 대해 '불만을 표시'해야만 했다. 앰보손은 이러한 자기비하를 자신의 지위를 지켜주는 보호장치인 일종의 '언어 부적'으로 보았다.[13]

앰보손의 해석을 따른다면, '함께 뼈말라 죽을 친구'를 찾는다는 앞의 이야기는 곧 친구 사이에서 '살기' 위한 자기방어의 일환일 수 있다. 이들은 자신의 '몸을 통해 말하고'(talk through body) 있는 것이다. 그런데 여기에는 빠진 것이 있다. 바로 그 마른 '몸이 말하고'(talk from body) 있는 것이 무엇이냐 하는 것이다. 이것은 누군가와의 대화를 위해 몸을 극단적으로 마르게 하는 것이 아니라, 내 몸이 극단적으로 음식을 거부하거나, 반대로 폭식(과 연이은 구토)을 요구하고 있는지다. 음식을 참을 수 없는 몸, 음식을 갈구하는 몸. 거식증과 폭식증이라는 병명을 붙인 이 몸들은 스스로 무언가를 말하려는 듯 극단적 선택을 지향한다. 미국의 의료사회학자 아서 프랭크가 『몸의 증언』에서 말했듯 '상처 입은 몸을 통해서 말해지는 이야기', '몸이 불러일으키는 이야기'에 귀 기울여야 한다.[14]

식욕에 대한 몸의 반응은 진공 상태 속 순수한 발현이 아니다. 그것은 미국 의료인류학자 아서 클라인만의 표현처럼 '문화적 형태'(cultural forms)이며, 이것은 '사회적 제도와 몸-자아'를 연결시켜 준다.[15] 즉, 몸이 무언가를 말하려 하고 있으며, 그것은 사회에 어떠한 메시지를 전달하는 것이다. 그렇다면 거식증과 폭식증을 앓고 있는 몸이 식욕을 통해 말하려 하는 것은 무엇일까.

식이장애, 통제할 수 있는 유일한 안식처

그것은 타인의 관계에서부터 시작된다. 몸은 누군가의 시선으로부터 주목받는 것을 피하려 한다. 혹은 정반대로 아무도 주목하지 않는 주변으로부터 시선을 이끌기를 바란다. 무엇이 되었든 관계에서 발생한 상처 혹은 트라우마가 발단이 될 수 있다. 바로 이런 상황에서 음식을 거부하거나 갈구하는 몸은 '몸-자아'에게 일종의 '안식처'로 여겨질 수 있다. 영국 의료사회학자 닉 폭스와 그의 동료들은 영국 젊은 여성들이 약물까지 사용하면서 거식증에 빠진 이유를 조사했고, 그들에게 식이장애 자체가 일종의 안식처(ana as sanctuary)로 인식되고 있음을 발견한다.[16] 여기서 핵심은 아래의 증언처럼 스스로 통제할 수 있는 몸이었다.

> "난 나의 식이장애를 내가 겪은 고통으로부터의 안식처로 생각해요. 난 음식을 제한할 때 스스로를 통제할 수 있고, 토할 때 제 몸을 통제할 수 있어요. 그것이 제 인생에서 힘든 시기, 통제나 안정이 보이지 않았던 때를 견디게 해준 것이죠."[17]

스스로 통제할 수 없었던 상처들. 그리고 이제는 그런 상황에서 유일하게 통제가 가능해진 몸. 여기서 핵심은 왜 이들에게 극단적 식욕 거부라는 통제가 필요했는지, 그리고 그 통제의 수단이 왜 하필 식욕이었는지 하는 것이다. 폭스와 동료들이 발견한 것은 그들이 과거의 삶 속에서 자신의 몸이 연루된 폭력(성적, 감정적 학대 등)을 경험했다는 사실이다. 그 고통의 시기에 어느 날 거식증이 갑작스레 발현됐다. 마치 질병의 증상이 갑자기 생겨난 것처럼(anorexia as symptom) 말이다. 그리고 그 증상은 스스로 통제할 수 없었던 상처들에서 벗어나게 해주는 안식처가 되었다. 말라버릴수록 더욱더 남자들의 눈길에서 벗어날 수 있었기 때문이었다. 그렇게 거식증은 통제할 수 있고, 또한 통제되어야만 했던 마지막 안식처였던 셈이다.

비슷한 사례가 바로 미국의 문학 교수이자 페미니스트 작가인 록산 게이였다. 그녀는 자신의 자전적 에세이인 『헝거: 몸과 허기에 관한 고백』에서 왜 자신이 190cm의 키에 최대 261kg의 몸무게를 갖게 되었는지 설명한다. 그 역시 그 출발은 12살 어린 나이에 경험한 고통스러운 성폭행의 경험이었다.

"내 몸은 망가졌다…내 안에는 커다란 구멍이 생겼다. 나는 그 빈 공간을 메우기로 작정했고 별로 남아 있지 않은 내 주변에 방패막을 만들기 위해 내가 사용한 도구는 음식이었다. 나는 먹고 먹고 또 먹으며 나 자신을 크게 만들고자, 내 몸을 안전하게 만들고자 했다."[18]

"이 몸은 내가 만들었다…지방 덩어리들은 새로운 몸을 형성했고 이런 몸이 부끄러웠지만 그래도 나를 안전하게 느끼게 했으며 그때는 안전의 느낌만큼 중요한 건 세상에 아무것도 없었다. 나는 아무도 통과할 수 없는 요새가 되고 싶었고 아무도 맞서지 못하는 무적이 되고 싶었다."[19]

방패막. 요새. 그녀에게도 음식을 갈구하는 몸은 철옹성 같은 요새였고, 그 안에 자신만의 안식처를 만들었다. 이처럼 음식, 식욕, 섭식행위, 몸 이미지는 특정한 트라우마와 연루될 때 전혀 다른 의미를 부여받는다. 거식증 혹은 폭식증에 의한 극단적인 몸 이미지는 병적인 상태가 아니라 오히려 통제 가능한 '안전한' 상태로 여겨질 수 있었다. 결국 트라우마에서 벗어나기 위해 몸-자아가 선택한 치유의 방식은 변'신'이었다.

이와 정반대로 학대와 폭력의 경험 끝에 똑같이 섭식장애를 얻게 되었지만, 그 목적은 타인의 주목을 받기 위한 몸의 선택인 경우도 있다. 섭식장애 환자들의 삶에 대한 이진솔의 논문에 의하면, 한 여성의 경우 오히려 "마르면 마를수록 사람들은⋯ 아플까 걱정했고 그럴수록⋯더 아프고 싶었다. 나중에는 아파야 한다고 생각했다. 거식증이 절실해지기까지 했다"라고 말한다.[20] 그렇게 마른 몸을 유지하는 것이 타인의 시선을 받을 수 있는 절대적 길이었지만, 그것이 '진짜가 아니다'라는 것을 모르지 않았다. 그럼에도 오직 마른 몸만이 사랑받을 수 있다는 믿음은 변하지 않았다. 주변에 자신의 섭식장애를 들켰을 때 경멸적 시선을 받았음에도 그녀의 몸-자아는 먹고 토하기를 멈추지 않았다. 연약한 몸, 마른 몸에 대한 사회적 연민의 시선이 존재하는 한 그녀에게 먹고 토하기는 생존과 안전을 위한 하나의 문화적 선택지로 지속될지 모른다.

이처럼 음식을 거부하거나 갈구하는 몸은 몸 이미지와 그에 대한 사회적 기준의 영향으로부터 자유로울 수 없다. 그런데 몸-자아의 외모로부터 동떨어진 섭식장애도 있다. 폭식 이후 잘 '토하는' 행위 자체로부터 안식처를 찾은 경우가 그렇다. "토를 하면 쾌감이 일었고 도파민이 올라와 무엇에든 집중할 수 있는 상태가 됐다. 토를 통해 도파민을 조절하고 집중력을 제어할 수 있다고 굳게 믿었다."[21] 어려서부터 극단적인 경쟁에 내몰려 왔던 한 여성은 극단적 스트레스로 인해 폭식을 하게 됐고, 그 결과 토를 할 수밖에 없었다. 그런데 구토는 어느덧 그녀에게 무력감을 해소시켜 주는 일시적 쾌감을 주었다. 그렇게 어느 순간 구토가 '나만의 분출'이자 어찌할 수 없는 부정적 감정을 처리하는 유일한 수단이 되었다.

우리는 너무나 쉽게 누군가의 극단적인 체중감량을 외모에만 집착한 어리석은 선택으로, 혹은 병적인 상태로 치부하는 듯하다. 하지만 앞서 다루었듯 음식과 몸은 누구에게나 너무나 '생각하기 좋은' 대상으로 활용되어 왔다. 그리고 그 생각은 언제나 한 사회의 다양한 맥락과 연루되어 있고, 누군가에게는 씻을 수 없는 트라우마의 흔적이었다. 그 고통스러운 기억에는 끈적이는 아픔의 감정들이 달라붙어 있었다. 그렇게 음식이든, 몸이든, 모두 결국 거대한 감정 덩어리다. 차이라면, 그 감정의 색깔과 강도일 뿐이다. 오늘날 우리는 여전히 음식에 대해 양가감정에 시달린다. 맛있는 음식으로 쾌락을 만끽하고 싶다가도, 반면 과식으로 인해 체중이 늘어나는 것을 극도로 경계한다. 그렇다고 먹지 않을 수도, 체중을 조절하지 않을 수도 없다.

그래서일까. 최근 이러한 고민을 해결해줄 마법의 약이 등장했다. 그것이 바로 최근 해외 유명인들 사이에서 널리 알려진 오젬픽(Ozempic)이라는 기적의 다이어트 약이다. 애초에 당뇨병 치료제로 개발된 이 주사제는 동반 효과로 체중감량이 있다는 것이 널리 퍼지게 되면서 높은 가격에도 불구하고 급격히 유명세를 얻게 되었다. 『도둑맞은 집중력』의 저자로 잘 알려진 요한 하리는 최근 그다음 책으로 『Magic Pill(마법의 약)』[22]을 출간했다. 그 책은 바로 이 마법약, 오젬픽을 다룬다. 코로나 팬데믹 시기 사회적 거리두기로 외부활동이 통제되자 하리는 급격히 체중이 증가했다. 팬데믹이 끝나고 처음 갖게 된 파티 자리에서 그는 자신과 달리 날씬한 몸매를 유지한 유명인들을 목격했다. 그들이 모두 필라테스 등 꾸준한 운동을 한 것이라 생각했다. 하지만 그만 모르고 있었다. 그들 모두 마법의 약의 도움으로 먹는 즐거움을 포기하지 않은 채 매력적인 몸매를 만들었다는 사실을 말이다.

서구 사회에서는 이 주사제가 스마트폰 발명과 견줄 정도의 사회적 파장을 일으킬 것으로 평가받기도 한다. 정말 이 마법의 약은 모든 이들을 식욕에 얽매이지 않고, 음식으로 인한 몸매의 변화에 괴로워하지 않도록 식욕을 통제하는 문제로부터 해방시켜 줄 것인가. 적어도 하리는 그러한 미래를 예측하지 않는다. 그 주사제의 높은 가격으로 인해 단지 일부의 사람들에게만 일시적인 안식처를 제공할 뿐이다.

특정한 몸 이미지에 대한 선망도, 특정 인종에 대한 우월감도, 끊이지 않는 성적 학대의 일상도 그 어느 것도 우리는 벗어나지 못하고 있다. 오히려 식욕과 몸매를 마법처럼 통제해주는 고가의 약 오젬픽의 등장으로 이러한 문제들이 더욱 가속화될지도 모르겠다. 인류는 정말로 어디까지 음식과 몸을 놓고 상상의 나래를 펼치려 하는 것일까.

3부

몸이 변혁시킨 사회

1. 우리 몸이 발명해낸 질환, 체념증후군

"That's malingering!"

이 말은 가정의학과 레지던트 시절 정형외과 외래 진료를 참관할 때 들었던 말이다. 정형외과 과장님은 다리를 절뚝거리는 환자를 가리키며 조용히 영어로 자신이 내린 진단명을 말해 줬다. "댓스 말린저링(저건 꾀병이야)"이라고 말이다. 처음엔 무슨 말인가 의아하다가 바로 눈치를 챌 수 있었다. 당시에는 보상금을 목적으로 거짓 증상을 호소하는 환자들이 있었다고 하니 주의가 필요하다고 생각하면서도 꼭 환자 앞에서 은어처럼 영어를 쓰면서까지 지적할 필요가 있었을까 싶기도 했다. 사실 많은 의사가 자신의 지식 안에서 환자의 상태를 증명할 수 없고, 설명할 수 없을 때 '꾀병'의 가능성을 염두에 둔다. 나 역시 의학 지식과 진료 경험의 폭을 넘어선 사례를 접하게 되던 가장 먼저 그것이 진짜 의학적 문제인지 아닌지를 감별하기 위해 애쓴다. 속으로 '말린저링?'이라고 되뇌면서 말이다.

그런데 가장 최근에 들은 어떤 사례는 꾀병이라는 표현으로도 해석이 불가능했다. '꾀'를 쓴다고 실행에 옮길 수 있는 그런 증상이 절대 아니었다. 그것은 나에게 의학 지식에 대한 도전을 넘어, 충격과도 같은 일종의 '사건'이었다. 이 사건 이후 몸에 대한 나의 의학적 상식은 송두리째 뒤흔들렸다. 그건 바로 '잠자는 숲속의 소녀들'의 사례였다. 어렸을 적 들었던 독이 든 사과를 베어 먹은 백설공주의 이야기가 아니었다.

사연은 이러했다. 한 무리의 아이들이 어느 날부터인가 잠에서 깨어나질 않았다. 흔들고, 꼬집고, 힘을 가해도 눈 하나 깜빡하지 않았다. 찬 얼음을 몸에 대도 꿈쩍도 하지 않았다. 그 어떤 통증에도 심장 박동수도 올라가지 않는다. 꾀를 쓴다고 자율신경계의 반응까지 통제하는 건 불가능하다. 그렇다면 식물인간 상태인가? 아니었다. 뇌파검사 등 모든 정밀검사에서 소녀들은 완벽하게 정상적인 수면 상태였다. 하지만 단지 며칠 동안 잠을 자고 있는 것이 아니었다. 수개월에서 길게는 5년 동안 잠에서 깨어나질 않았다. 5년이라니? 너무 당혹스러워 정신과 선배에게 전화를 걸었다. 그도 고개를 저으며 정확한 진단명을 붙이기 어려워했다. 나의 의학 지식과 여러 문화권의 의료인류학 지식을 총동원해도 한 번도 들은 적이 없었고, 그래서 해석 불가능이었다. 혹자는 쉽게 꾀병이 아닐까 의

심할 수 있는 상황에서 나는 난생 처음 듣는 진단명과 마주하게 되었다. 그것은 "체념증후군"(resignation syndrome)이었다.

체념증후군이 공식적으로 처음 보고된 것은 2005년이다. 2003년에서 2005년 사이에 424건의 사례가 보고되었고 이후 수백 건이 더 추가되었다. 남자아이도 있었지만 여자아이가 좀 더 많았다. 그런데 2015년부터 2016년 사이 스웨덴에서만 이러한 환자들이 169명이나 발생했다. 모두 스웨덴의 여러 도시에 거주하던 난민 가족의 자녀들이라는 공통점이 있었다. 그리고 결정적으로 이들은 스웨덴 정부로부터 망명 신청을 거부당했었다. 나는 이 같은 이야기를 다큐멘터리 〈Life Overtakes Me〉(2019)와 관련된 책 『잠자는 숲속의 소녀들』을 통해 좀 더 자세히 접할 수 있었다.

영상 속 아이들은 정말로 곤히 잠들어 있었다. 이들의 옆을 지키는 부모들의 얼굴에는 끝 모를 아픔이 새겨져 있었다. 언제 깨어날지 모르는 아이에게 가느다란 콧줄로 영양분을 보충해주고, 휠체어에 태워 햇빛을 쐬게 해주었으며, 목욕은 물론이고 근육과 관절이 굳지 않게 수시로 주물러 주었다. 그리고 이 모든 상황의 끝에 있는 건 도망쳐 나왔던 땅으로 다시 쫓겨가야만 한다는 참혹한 미래였다.

영국의 신경과 전문의인 수잰 오설리번은 스웨덴의 체념증후군 환자들을 시작으로 전 세계에 유사한 사례들을 찾아 조사하고 기록했다. 그녀 역시 2017년 말 뉴스 기사를 통해 처음으

로 체념증후군을 접했다고 한다. 스웨덴의 아홉 살 소녀가 일
년 동안 잠에서 깨어나질 못한다는 기사를 접한 오설리번은 직
접 스웨덴까지 찾아가 조사를 시작했다. 그곳에서 그녀는 여
전히 깊은 잠에 빠진 아이에서부터 그로부터 깨어난 아이들까
지 만날 수 있었고 매우 놀라운 사실을 접하게 된다. 그것은 다
큐멘터리에서도 소개되었듯 아이들을 잠에서 깨운 치료제가
다름 아닌 스웨덴 정부로부터 난민 신청을 최종 승인받았다는
'뉴스'라는 사실이다. 정말 놀랍게도 잠든 아이의 귀에 대고 기
쁜 소식을 전해주길 반복하자 아이들은 조금씩 눈을 뜨기 시
작했다. 그들은 정말로 기억이 나지 않는 긴 '잠'을 자고 일어
났다. 한 아이는 당시의 경험을 "깨어나고 싶지 않은 꿈을 꾸는
느낌"이었다고 말했다. 오설리번은 한 소년의 자세한 묘사를
통해 체험증후군의 의미를 더 자세히 들여다보았다.

"소년은 깊은 바닷속에서 깨지기 쉬운 유리 상자 안에 들어가
있는 느낌이었다고 한다. 말하거나 움직이면 진동이 생겨 유
리가 산산조각날 것 같았다고 했다. '물이 쏟아져 들어와서 저
를 집어삼킬 것 같았죠.' 소년의 말이다."[1]

이 사연을 통해 오설리번은, 그리고 나 역시 몸이 깨어나길
거부한 사회를 목격했다. 숨을 쉴 수 없는 깊은 바다가 곧 난민
아이들의 몸으로 느낀 현실이었다. 깊은 잠은 그 공포스러운

심해로부터 스스로를 지켜줄 유리 상자, 몸이 제공하는 안전지대였던 셈이다. 잠자는 동안만큼은 숨을 쉴 수 있었으니 말이다. 이 안전지대와도 같은 잠이 놀랍게도 실제 현실에서도 아이들을 구해주었다. 오설리번에 따르면, 아주 최근까지 자녀가 체념증후군을 앓고 있는 난민 가족의 경우 스웨덴 정부가 '자동으로' 망명을 허가해 주었다고 한다. 어른들이 해결하지 못한 난제를 몸으로 해결한 것이다. 그 신비로운 몸의 작동 기전을 현대의학이 완벽히 밝혀내지 못했지만 말이다.

오설리번은 이 모든 과정을 조사하며 체념증후군이야말로 사회문화적 요인(생존을 위해 떠나야만 했던 사회와 난민을 추방하려는 문화)이 아이들의 뇌에 영향을 준다는 증거라고 해석한다. 그녀는 신경과 의사로서 당연히 심리적, 생물학적 요인들이 체념증후군 발생의 중요한 부분을 차지하겠지만, 무엇보다 사회문화적 요인들이 핵심적이라 말한다. 몸의 변화를 전통적인 현대의학적 관점에서 보는 것이 아닌 일명 '생물심리사회적(Bio-Psycho-Social) 의료'의 관점에서 본 것이다. 이런 관점은 자칫 난해해 보일 수도, 반대로 상투적 표현처럼 보일 수도 있을 것이다. 하지만 이 용어는 단순히 몸과 마음이 서로 영향을 주고받는 것이며, 사회문화적 영향도 당연히 부정할 수 없다는 상식적 수준을 넘어선다. 체념증후군의 사례는 불안한 사회 분위기 때문에 마음이 불편하고 그래서 몸도 아파진다는 정도가 아니다. 오설리번은 사회문화적 요인이 몸에게 '꾀병'이 아닐까 의

심될 정도로 예측불가능한 심대한 영향을 끼쳤다고 보았다. 그리고 그 변화가 결과적으로 사회의 변화를 이끄는 변곡점이 될 수도 있다고 본 것이다.

질병이 인류에게 던지는 질문들

어찌 보면 스웨덴 난민 아이들의 생명을 살린 것은 끝없는 잠을 선택한 몸이다. 난민 신청이 거부되었을 때 마주할 그 어떤 참혹한 현실(거의 모든 경우 죽음이 예견된 곳)에 대해서도 꿈쩍하지 않던 스웨덴 정부가 체념증후군 앞에선 닫았던 국경의 빗장을 풀었으니 말이다. 난민 아이들의 몸이 스스로를 살리기 위해 기존에 존재하지 않았던 증상을 새롭게 '발명'해낸 셈이다. 사람은 질병의 사회문화적 원인을 제공했지만, 몸은 그 원인을 치유하기 위해 직접 새로운 질병이 되기로 한 것이다.

오설리번처럼 내가 이 체념증후군에 주목했던 중요한 이유는 바로 새로운 질병의 시작을 목격할 수 있다는 점이었다. 우리는 언제부터 한국 사회에 '화병'이 발생했는지 기억하지 못한다. 누가 최초의 환자였는지도 당연히 모른다. 그저 오랜 기간 한국 사회에서만 독특하게 존재하는 증상들이었고, 그래서 한국 문화권에서만 관찰되는 독특한 '문화의존증후군'(Culture-bound syndrome)으로 여겨져 온 것이다. 체념증후군 또한 2000년

이 들어서면서 몸이 인류에게 새롭게 선보인 집단적 질병이었다. 인류가 단 한 번도 본 적 없는 질병이었다. 나는 이 사례를 통해 이성이 아니라 몸 자체가 주체적으로 인류 역사의 흐름을 바꾸는 주인공일 수도 있겠다는 상상을 하게 되었다. 즉, 이성에 지배받는 몸이 아니라 그 이성을 비웃듯 몸이 불가사의한 현상으로 인류에게 오히려 질문을 던진 것이다. 마치 이 문제를 풀지 못한다면 인류의 미래가 없다는 듯이 말이다.

오설리번은 그의 책에서 체념증후군 이외에도 다양한 국가에서 발생한 일명 '집단 심인성 질환'(mass psychogenic illness, MPI)이라 불리는 사례들을 소개한다. 여기서 '심인성'이라는 표현은 '비기질적'(non-organic)이라는 의미이며, 말 그대로 기질, 즉 신체기관(organ)에서 생리학적/병리학적으로 설명 가능한 물리적 원인이 없다는 뜻이다. 거칠게 표현하면 '미친 것'이고, 정신의학적으로 표현하면 '해리성 장애'(뇌에 병이 없는 상태에서 의식을 잃거나 기억상실 혹은 발작이 발생함), '전환 장애'(마음속 갈등이 신체적인 운동이나 감각 기관의 이상으로 나타남) 등으로 표현되기도 한다. 일반인들이 보기에는 마치 귀신에 홀린 듯한 이상행동에 가까울 수 있다. 오설리번은 체념증후군을 필두로 전 세계에 존재하는 '미친' 몸들을 쫓아가며 그것이 말하고자 하는 사회문화적 갈등 요인을 파헤친다.

그가 탐구한 사건들의 목록을 간략히 소개하면 다음과 같다. 콜롬비아의 엘카르멘 지역 여고생들의 집난 발작 후 실신

사건, 과테말라 원주민인 미스키토인 청소년들의 발작 및 이상 행동(일명 '그리지시크니스'), 남아메리카 지역 가이아나의 위피샤나 원주민 10대 소녀들의 집단 발작 사건, 미국 뉴욕주 르로이 지역 10대 소녀들의 발작 및 이상행동 사건, 카자흐스탄 크라스노고르스크 지역 사람들의 '수면병', 쿠바 미국 외교관 사이에서 발생한 '아바나 증후군'(기괴한 음파에 대한 환청 및 두통 증상)이 그것이다. 사례들 속 주인공들은 아무 이유 없이, 신체적 질병이 없는데도 갑작스럽게 집단으로 실신을 하거나 괴성을 지르고, 이성을 잃은 채 도주를 하는 등 도무지 이해할 수 없는 행동들을 보였다. 들리지 않는데 듣고, 보이지 않는데 보았다. 누가 봐도 '미쳤거나' '귀신이 씌었거나' 혹은 '꾀병을 부리는' 모습일 수 있다.

이 모든 사례에서 오설리번이 주목한 것은 그 현상에 대한 그럴듯한 의학적 가십거리(독극물에 노출되어서, 백신주사를 맞아서, 음파 테러에 의해서 등)가 아니었다. 그녀가 찾았던 것은 최초의 발화점이 된 '몸'이었다. 누가 어떤 이유로 그 같은 증상을 경험하게 되었고, 이후 그 경험이 어떤 이야기가 되어서 주변에 확산되었냐는 것이었다. 그리고 질문을 던진다. 왜 그때 그의 '몸'은 그처럼 극적인 증상을 발명해냈을까. 몸이 말하려던 것이 무엇이며, 이를 통해 그 몸이 기대할 수 있는 사회의 병든 지점은 무엇인지 말이다. 그리고 다음과 같이 말한다.

"나는 이 장애를 완전히 뿌리 뽑는 것이 사실은 바라면 안 되는 일이 아닌가 하는 새로운 생각을 하게 되었다. 내가 만난 많은 이들에게 심인성 질환은 중요한 역할을 하고 있었다."[2]

병이 '중요한 역할'을 한다는 것은 쉽게 납득하기는 어렵다. 오설리번은 더욱이 그 병을 완전히 뿌리 뽑지 말아야 한다는 위험해 보이는 생각까지 드러낸다. 그가 생각하기에 이 병은 '꾀병'이 아니라 몸이 창조해낸 지혜로운 '꾀'처럼 여겨진다.

사실 이전에도 이처럼 집단 심인성 질환에 주목한 정신과 의사가 있었다. 그는 로런스 커메이어(Laurence Kirmayer)로 1980년대 후반부터 여러 인류학자들과 함께 현대의학의 관점에 문제를 제기했다.[3] 커메이어는 "우리가 자신의 경험을 이야기하는 방식은 사회적인 세상에서 다른 이들과 상호작용하는 데 영향을 미치며, 또 이런 상호작용이 우리의 경험을 다시 만들어낸다"고 강조한다.[4] 최초의 누군가가 사회문화적 고통에 못 이겨 어떠한 새로운 증상(깊은 잠이든, 갑작스런 실신과 발작, 혹은 환청과 환시 등)을 의도치 않게 얻게 되면(왜 하필 그 증상이냐는 것은 오직 몸만이 알 것이다), 그 이야기는 같은 고통에 노출된 사람들에게 전해지고 곧이어 자신도 모르게 동일한 증상에 전염된다는 것이다. 그리고 그 증상이 집단적으로 발생하기 시작할 때 그것은 고통을 유발한 사회에 새로운 변화의 동력으로 작동한다고 보았다. 이 모든 과정에 대해 오설리번은 이렇게 정리한다. "생

물심리사회 질환은 진화한다"고 말이다.⁵

진화? 질환이 진화한다고? 이 말은 이해 불가능한 어느 개인의 이상행동이 단지 한 개인의 몸에 발생한 오류가 아님을 뜻한다. 그 모든 이상행동의 원인과 근거는 사회문화적 요인에서 온 것이며, 이렇게 발화된 한 개인의 몸의 오류는 집단의 것으로 들불처럼 번질 수 있다는 의미이기도 하다. 결국 그것이 사회와 문화가 일궈놓은 벌판을 뒤집어 놓는 불씨가 되기도 한다. 그렇다면 이를 눈으로 직접 목격한 오설리번의 결론은 무엇일까. 그저 몸이 창조해낸 질환과 그것의 진화에 감탄하는 것으로 끝나는 것일까. 그것을 고치지 않고 겸손한 목격자 역할만 하는 것일까. 아닐 것이다. 그녀는 고통받는 몸들을 위해 새로운 이야기를 요구한다. 즉, "신체화*할 수 있는 새로운 서사"를 요청한다.⁶

그동안 몸이 발명해낸 서사들은 불행한 사람들의 마지막 안전지대였다. 그런데 그 안전지대는 매우 취약하고 위험한 극단적 선택들이었다. 잠에서 깨어나질 못하고, 갑자기 발작을 일으키거나 소리를 지르고 달려나가는 일은 실상 너무나 위험한 선택들이다. 정말로 그러한 몸의 변화를 경험하길 바라는 사람은 없을 것이다. 그래서 오설리번이 시급히 요청한 것은 몸들

---

* '신체화'는 somatization을 뜻하는 말로서, 정신의학에서 정신적 체험 혹은 상태가 신체적 증상으로 전환되는 것을 일반적으로 일컫는 표현이다. 'soma'는 정신(psyche)과 대비되는 몸/신체를 뜻하는 단어이다.

간에 전염되어도 안전할 수 있는 새로운 이야기이다. 행복하고 건강한 여러 몸들의 이야기. 아마도 누군가의 고통에 쉬이 반응하는 몸, 건강한 공감의 몸 말이다. 그리고 자신의 잘못에 진심으로 사과하고 눈물을 흘리는 몸, 나아가 웃음을 포기하지 않는 몸 말이다.

화병, 한국인의 몸이 만들어낸 불의 질병

지금 한국 사회는 어떠한 몸들로 채워져 있을까. 공교롭게도 오설리번의 책 마지막 장은 한국의 '화병'(hwa-byung)으로 시작한다. 외국에서는 일명 '불의 질병'(fire-illness)로 불리는 이 병은 부부간의 갈등과 불신으로 인한 스트레스를 겪는 중년의 한국 여성들이 겪는 대표적 '문화의존증후군'의 한 예다. 화병 역시 앞서 커메이어의 지적처럼 사회와 몸이 상호작용하면서 발명해낸 한국 여성들의 '신체화된 서사'일지 모른다.

그럼 요즘 한국은 어떠한 몸의 서사를 경험하고 있을까. 최근 들어 자주 듣게 되는 '공황장애' 이야기 역시 이러한 흐름에 속하지 않는가 생각되기도 한다. 2023년 국민건강보험공단에서 발표한 진료현황에 따르면, 2017년과 비교할 때(13만 8천 명) 2021년에 공황장애 환자가 45% 증가하여 약 20만 명에 달한다고 한다. 진료비도 900억 원을 돌파했다.[7] 사실 공황장애는 고혈압과 유사한 만성 질환이다. 기본적으로 유전적 소인을 가지고 있어야 하며, 신경생물학적 원인이 뚜렷한 질환이다. 물론 심리사회적 요인들도 영향을 주는 것이 사실이다.[8] 그렇지만 왜 이렇게나 급격하게 이유 없이 심각한 공포감을 경험하는 한국인들이 늘어만 가는 것일까. 나는 요즘 들어 이것 또한 체념증후군처럼 몸이 발명한 증상이지 않을까 의문이 든다. 한국인의 몸이 새롭게 발명해낸 '문화의존증후군'이 아닐까 하고 말이다.

물론 여기서 어떠한 의학적 해석을 시도하는 것은 아니다. 내가 의사-인류학자로서 주목하는 것은 의학적 이해도를 넘어서는 몸이 지닌 지혜와 그 가능성이다. 인류의 생존 속에서 몸이 발명해낸 질환이 쏘아주는 질문을 '꾀병'이라 일축하지 않고 진지하게 답을 구하려고 하는 것이다. 2014년 스웨덴 사회를 경악하게 만든 체념증후군은 이제 또 다른 지역의 난민 아이들 사이에서 확산되고 있다. 2018년 태평양의 작은 섬 나우루에 억류되어 호주의 망명 신청을 기다리고 있는 아이들 사이에서 체념증후군이 발생하고 있고, 2019년 그리스의 섬 레스보스의 난민촌에서도 발생하고 있다.

의사로서 나는 의학이, 그리고 근대 형이상학이 몸과 마음을 이분법적으로 구분 짓는 것에 반대한다. 몸과 마음은 단 한 번도 분리된 적도 없고, 그럴 수도 없다. 또한 그렇게 생각하는 것은 많은 오해와 몰이해를 초래해 왔다.

하지만 세상은 여전히 몸과 마음을 분리하고, 몸을 마음의 도구 정도로 불균등하게 생각하고 있다. 열정과 사명감을 강조하며 몸을 혹사하는 지금 우리 사회가 그러하지 않은가. 이런 세상에서 인류학자로서 나는 오히려 몸과 마음을 한시적으로라도 구분 지어 생각하기를 바란다. 그런데 이번에는 몸을 마음보다 앞선 존재로 주목하기를 바란다. 그래서 몸이 발명해낸 증상에 대해 사회가 더욱 진지하게 질문을 던져야 한다고 생각한다. 이제 몸 하나에만 의지하며 안전지대를 만들기에는 너무나 위태로운 세상이 되어 버렸다.

2. 포옹은 어떻게 세상을 바꾸는가

"안아 줄까요?" "안으면 포근해"
한때 유행했던 드라마 대사다. 당신이 뭔데 나를 안아 준다고 하냐며 항변하는 상대에게 '힘드니까'라고, 힘들 때 누군가 안아 주면 포근하기 때문이라고 퉁명스럽게 말한다. 그리고 부모를 잃은 한 소년을 부르고 이내 꼭 안아 주는 모습을 보여준다. 이 에피소드가 나에게 남아 있는 이유는 오늘날 몸에게 들려줄 '새로운 서사'를 꼽으라고 하면 '프리허그'를 꼽고 싶기 때문이다. 포옹, 이것은 정말로 진지하고 절실한 주제이다. 나는 현대사회의 가장 큰 문제는 서로를 이해하지 못하는 것도, 그로 인해 대화가 단절된 것도 있지만, 그보다 서로를 실제로 마주하며 안아 주고 또 안기기 힘든 사회인 점이라고 생각한다. 이것에 의문이 든다면, 지금 당장 자신이 힘들 때 아무 설명도 필요 없이 선뜻 안아 줄 수 있는 사람이 곁에 있는지 생각해보라.

대부분의 사람들은 공공장소에서 프리허그 행사를 실제 목격한 적은 드물 것이다. 드라마나 영화 속 한 장면으로만 보았을지 모른다. 사실 가장 일반적인 프리허그는 사랑하는 사람, 연인 혹은 가족 간에 이루어진다. 사랑에는 돈을 지불하지 않아도 되니 진정 '프리' 허그라 할 수 있겠다. 사회학자 조은 교수도 가난한 사람이 마지막으로 자유롭게 그리고 말 그대로 돈이 없이도 선택할 수 있는 피난처가 연애뿐이라고 하지 않았던가.[1] 물론 이제는 자조 섞인 이 표현도 N포 세대라는 말처럼 사치가 되어버린 시대인 듯도 하다. 이런 시대에 새로운 서사로서 공적인 차원의 프리허그를 강조하는 것은 새삼스러워 보일지도 모르겠다.

하지만 내가 주목하는 프리허그는 드라마 대사처럼 일시적인 '포근함' 때문이 아니다. 그것은 인류학자 마르셀 모스(Marcel Mauss)가 『증여론』에서 제시했던 호혜성을 기반으로 한 선물교환에 가깝다. 모스는 세상이 돈을 주고 상품(과 서비스)을 사는 시장경제(market economy) 이외에도 선물교환의 도덕경제(moral economy)에 의해서도 지탱된다고 본다. 과거 우리의 품앗이 문화를 생각해보면 쉽게 이해할 수 있다. 프리허그와 관련해서 선물교환에 대한 그의 대표적 표현(선물을 줄 의무, 받을 의무, 되갚을 의무)을 빌리자면, 나는 결국 타인을 선뜻 안아 줄 수 있는 몸, 그리고 그것에 응해 안길 수 있는 몸, 이후 또다시 안아 줄 수 있는 몸을 기대하는 것이다. 이것은 절대로 단순히 보편적인 사랑을 말하려는 것이 아니다. 내가 주목하는 것은 추상적인 개념이 아니라 정말로 구체적인 몸과 몸의 안기와 안김의 필요성과 실질적 가치이다.

만성적인 트라우마가 몸에 남기는 것

프리허그는 실제로 트라우마를 극복하는 데 있어 매우 효과적이고 실질적인 치료제이다. 정신과 의사 베셀 반 데어 콜크 교수는 자신의 책 『몸은 기억한다: 트라우마가 남긴 흔적들』에서 트라우마 환자를 치료하며 '몸과 몸의 접촉'이 지니는 가치와 그것을 직접 깨달아가는 과정을 자세히 소개하고 있다. 그래서 이 책은 정신과 의사로서의 일종의 자기민족지(autoethnography)에 가깝다.

어린 시절 부모로부터 만성적인 정서적 학대를 받은 외상후 스트레스 장애 환자를 진료하면서 그동안 자신이 증상에 대한 분석과 이해에만 몰두할 뿐 "살아서 숨 쉬는 신체"에 대해서 크게 간과해 왔다는 사실을 깨달았다고 고백하는 장면은 이 책의 백미라 생각한다.[2] 그는 자신은 도저히 해결할 수 없었던 만성 트라우마 환자의 문제가 마사지 치료사의 구체적인 '손길'에 의해 풀리기 시작했다는 사실 앞에 놀라움을 금치 못했다. 나 또한 콜크 교수의 책을 처음 읽을 당시 망치로 한 대 얻어맞는 기분이었다. 백 마디의 분석보다 한 번의 손길이 훨씬 효과적이라니 놀라지 않을 수 없었다. 나 역시 그동안 눈에 보이는 몸을 보지 않고, 잡히지 않는 마음의 잔영만 쫓아다닌 건 아니었을까.

콜크 교수가 깨달은 바는 두 가지 지점이다. 간략하게 이야기하자면, 트라우마가 장기간 지속될 경우 몸은 말 그대로 스스로를 외부로부터 차단한다는 점, 그리고 이를 극복하기 위해서는 느낌과 감각을 잃은 몸을 실제로 자극해야 한다는 점이다. 이것은 시작도 끝도 결국은 살아 있는 몸 자체에 있다는 뜻이다. 좀 더 풀어서 얘기해보자. 우선 강력한 트라우마를 장기간 경험하면 몸은 생존을 위해 '직관적 느낌과 감정 전달'을 정지시킨다. 즉, 몸의 안과 밖에서 일어나는 변화와 자극으로부터 스스로를 차단(구체적으로는 뇌에서 정보가 처리 되지 않는 방식으로)하는 셈이다. 그렇게 자기 몸의 감각과 감정을 잃어버리면 삶의 목적과 방향의식마저 잃어버리게 된다. 콜크 교수의 표현처럼 "몸을 잃으면 자기를 잃는다." 책 속의 증언을 빌리자면 "저는…인간이 가진 감각이 없어요…제 감각 하나하나가, 저 자신이라 할 수 있는 몸 구석구석이 저와 분리된 것 같아요. 제겐 아무런 느낌도 들지 않아요."[3] 이것을 조금 더 의학적으로 설명하자면, 트라우마 환자의 경우 평상시 내측 선전두엽 피질

(mPFC, medial pre-frontal cortex, 일명 뇌의 '감시탑'이라 불리는 곳)이 활성화되지 않아 새로운 환경 및 낯선 사람에 대한 호기심을 느낄 수 없다. 반면에 뇌의 깊숙한 곳, 원시적 영역(주로 방어 행동을 유도하는 부위)에 해당하는 중뇌 부위는 강하게 활성화되어 있다. 그것은 "누군가의 눈길을 받는 것만으로 생존모드에 돌입"하게 만든다.[4] 긴장되고 위축된 상태로 주변을 경계하는 몸만 남는 것이다.

만성적인 트라우마가 남긴 몸의 변화란 정말 생존모드만 남겨두고 무감각해지는 것일지 모른다. 여기서 감각이라고 하면 보통 오감(시각, 청각, 미각, 후각, 촉각)을 생각하는데, 우리 몸에는 또 다른 감각이 있다. 그것은 조금은 낯선 용어인데, '내수용감각(interoception)'이라 부르는 것으로 신체 안에서 일어나는 변화를 전달해주는 감각이다. 일상적 표현으로는 '육감'(gut feeling)이 가장 가까운 표현일것 같다. 콜크 교수는 이 내수용감각을 "신체가 느끼는 미묘한 감각과 느낌에 대한 인지"이며, 이것이 개인의 주체의식의 출발점이라 설명한다.[5] 왜냐하면 자신이 무엇을 느끼고 있는지를 파악할 수 있을 때 나를 되돌아볼 수 있기 때문이다. 이것은 아주 간단한 것에서부터 출발한다. 가슴이 울렁거리고, 두근거리며, 속이 답답하고, 기력이 쇠한 듯 느껴지며, 어지러워 누워야 할 것 같은 느낌 등 이 모든 것이 내수용감각이 담당하는 영역이다. 사촌이 땅을 사면 배가 아프다는 말도 내수용감각의 가장 대표적 사례일지도 모르겠다. 그런데 이러한 감각은 그저 오감에 추가된 또 하나의 감각에 그치질 않는다. 미국의 신경학자 안토니오 다마지아(Antonio Damasio)는 이러한 내수용감각이 처리되는 뇌의 영역이 바로 자아(self), 즉 나를 경험하는 곳이라 강조한다. 이것을 일명 '원형 자아'라 부르며, 나라는 존재의 바탕이 되는 '말로 설명할 수 없는 지식'이 형성되는 곳이다.[6]

우린 평소에 '역겹다'는 말을 종종 사용한다. 불편하거나 불쾌했던 것과 다시 마주했을 때 쓰는 표현이다. 그런데 이것은 단순히 비유적 표현이 아니라 정말로 강렬하게 기억에 남아 있는 부정적 경험(흔히 트라우마가 되는 사건들)을 마주하게 되면 정말로 토할 듯 속이 울렁거린다. 이는 우리의 오감과 내수용감각이 신체 기능을 조절하는 특정 뇌 부위(뇌간, 변연계)를 강하게 자극하기 때문이다.[7] 일상적 표현으로 말하면, 몸이 거부 반응을 보이는 것이다. 실제로 많은 학생들이 견디기 힘든 학업 스트레스나 학교폭력을 경험하게 된 경우 아침 등굣길에 학교와 가까워질수록, 학교 정문을 마주했을 때 구토 증세를 경험한다. 몸이 학교를 거부하는 것이다. 가정폭력, 학교폭력과 따돌림, 그리고 성폭력의 피해자가 겪었던 다음의 증언[8]은 이를 구체적으로 잘 보여준다.

"등교하려고 학교에 도착해도 학교 건물만 보면 메스꺼워서 교실에 들어갈 수 없었습니다."

"알바를 하는데…20대 초반 대학생들이랑 있자니 내가 너무 더럽게 느껴지고…나를 왕따 시키던 사람들이 떠올랐습니다…너무 긴장하고 있어서 온몸이 삐그덕 삐그덕 아프고 메스꺼워서 집에 가면 다 게워냈습니다…너무 긴장해서 환각, 환청이 보였습니다."

자신에게 폭행을 가한 학생들에게 갈 때도, 자신을 친절히 대하는 학생들에게 다가갈 때도 과거의 부정적 경험은 타인에게 정상적일 수 있는 외부의 신호를 온몸이 거부하게 한다. 몸이 트라우마를 기억하고 그것에 반응하는 것이다. 부정적 경험이 장기간 지속되어 만성적인 트라우마로 이어지게 되면 앞서 이야기했듯 몸은 이러한 느낌을 잠재우기 위해 스스로를 차단하기에 이른다. "저는 인간이 가진 감각이 없어요"라고 말하는 상태로 말이다. 이것은 소위 '감정표현불능증'(alexithymia)이라는 상태를 초래하여 화가 나거나 슬픈 느낌 대신 근육통, 불규칙한 장운동, 원인을 찾을 수 없는 증상들을 경험하게 한다. 나아가 "음악, 신체 접촉, 빛처럼 삶을 특별한 가치로 가득 채워주는 일상적이고 기분 좋은 감각을 약화"시키게 된다.[9] 결국 나쁜 것도 좋은 것도 받아들일 수 없는 진퇴양난의 몸 상태로 빠지는 것이다. 어찌 보면 이건 몸이 스스로의 생존을 위해 선택한 아주 오래된 진화의 결과일지도 모르겠다는 생각이 든다. 누구도 믿지 않는 생존모드 말이다.

몸으로 느끼는 회복이라는 감각

 이 글의 목적은 단순히 트라우마가 변화시킬 수 있는 몸의 생존 전략을 소개하려는 것이 아니라, 이 같은 트라우마가 남긴 몸의 상태에서 어떻게 벗어날 수 있는지다. 이것이 콜크 교수가 깨달은 두 번째 지점이다. 바로 느낌을 소실한 몸에 대해 '물리적 접촉 및 자극'이 필요하다는 사실이다. 앞서 짧게 언급했듯, 콜크 교수에게 이런 깨달음을 준 환자는 어려서 부모로부터 외면받고 방치된 여성이었다. 항상 어깨가 처진 채 바싹 웅크린 자세의 그녀는 자신도 모르게 팔뚝 피부를 피가 날 때까지 긁고 잡아 뜯는 습관이 있었다. 어떠한 상담과 분석도 그런 그녀를 회복시킬 수 없었던 어느 날 콜크 교수는 그 환자가 마사지 치료를 받고 나서부터 크게 개선되는 모습을 목격했다. 그녀는 첫 마사지를 받을 때 치료자가 자신의 발을 만지고 있는 것조차 느끼지 못할 정도로 몸의 감각이 차단되어 있었다. 하지만 마사지 치료가 지속되면서 일상이 편안해졌으며, 자신의 행동, 생각, 느낌에 대해서도 호기심을 갖게 되었다고 한다. 이후 이웃들과 수다를 떨기도 하며 교회 성가대에 참여하기에 이르렀다고 한다. 그렇게 잃어버렸던 자기를 찾아가고 또 주변과 어울리기 시작했다.[10]

 이러한 변화의 핵심은 마음을 치료하는 것이 아니라 내수용 감각을 포함하여 몸의 감각을 먼저 회복시키는 데 있다. 즉, 마음이 아니라 닫혀 있던 몸을 다시금 열어 가는 과정이라 할 수 있다. 콜크 교수는 대표적 방법으로 요가를 소개한다. 여기서 요가의 핵심은 의도적으로 호흡을 평안하게 유도하는 것이다. 우리는 긴장할 때 호흡이 가빠지는 것을 경험하고는 한다. 이와 정반대로 호흡 자체를 편안하게 유지하면 긴장감이 소실될 수 있다는 것에 대해서는 진지하게 받아들이지 못한다. 마음이 생각하기 나름이라 굳게 믿는 경우에 더욱 그러할 것이다. 하지만 정작 가장 시급히 필요한 것은 생각이 아니라 '몸 하기 나름'인 것이다.

그런데 나의 이러한 주장도 사실 의학과 진료실 '안'에 국한된 이야기에 그칠지도 모른다. 혹자는 이렇게 반문할 수도 있다. 진료실 '밖' 현실에서 그 누가 쉽게 긴장을 풀고 평안하게 호흡할 여유를 찾을 수 있냐고, 애초에 그럴 여유가 있는 사람은 트라우마를 겪을 위험도 적은 사람들 아니냐고 말이다. 주디 와츠먼(Judy Wajcman)의 책 제목처럼 오늘날 현대인들은 '시간에 짓눌린'(Pressed for Time) 사회, 소위 이중빈곤(돈도 시간도 부족한)의 사회에서 살고 있지 않던가. 잠은 대학 가서, 혹은 죽어서 자는 것이라고 하는 말이 농담일 뿐일까. 나아가 시간에 쫓겨 내가 내 몸도 제대로 껴안지 못하는데 타인의 몸까지 안을 수 있을지 의문이다. 또한 그렇게 포옹을 한다고 해서 잠깐의 위로와 기분전환 이외에 어떤 효과가 있는지 의문을 갖는 사람도 분명 있을 것이다. 이러한 몸(의 가능성)에 대한 불신이 그동안 트라우마 환자 혹은 일상적 폭력의 피해자가 스스로를 치유할 수 있는 가장 효과적이고 빠른 길을 외면하게 만든 것은 아닐까라는 생각도 해본다.

나에게 콜크 교수 이외에 몸이 가진 가능성에 주목하게 만든 영상이 있다. 바로 〈First Hug〉라는 영상[11]이다. 동성애 혐오증에 대한 일종의 실험 영상인데, 이성애자와 동성애자가 포옹을 시도하는 장면들이 이어진다. 이성애자들은 태어나서 처음으로 동성애자를 마주하고 포옹을 시도한다. 모든 이성애자들이 처음에는 어색함과 주저함을 보인다. 고개를 뒤로 빼거나 포옹 직전까지 몸을 뒤로 뺀 채 다가간다. 그렇게 어쩔 수 없이 포옹을 하고 나서 처음과는 다른 몸짓을 보여준다. 포옹을 통해 그도 나도 똑같은 사람이라는 것을 느낀 듯 얼굴에 자연스런 웃음들이 비춰졌다. 마치 그동안 자신이 가졌던 동성애 혐오증이 우려였음을 한순간에 깨달은 것 같았다. 몇 분짜리 영상이었음에도 포옹, 그러니까 몸과 몸의 물리적 접촉이 좁혀질 것 같지 않아 보이던 선입견과 혐오를 어떻게 완화할 수 있는지를 너무나 극적으로 보여준다.

물론 이것은 어디까지나 현실에 그대로 일반화할 수는 없을지 모른다. 현실에서는 이성애자가 동성애자를 아무 이유 없이 포옹할 기회란 매우 희박해 보인다. 그 이유는 영상에서도 초반에 비춰지듯 동성애자와의 물리적 접촉이 마치 불결한 몸과의 접촉처럼 '도덕적으로' 오염이라도 되는 듯 여기기 때문이다. 몸의 가치를, 포옹의 가치를 아무리 의학적으로 이해한다고 해도 그것이 현실에서 확산되는 데는 분명 한계가 있을 것이다. 거기에 동성애혐오증과 같은 사회적 편견들이 큰 장벽이 될 수 있다.

콜크 교수는 트라우마 환자가 현실에서 가장 힘들어 하는 것으로 '수치심'을 꼽는다. 이 수치심은 두 가지로 구분된다. 우선 자신이 피해자(폭력과 학대 등)였든 혹은 가해자(전쟁 중 민간인 학살 등)였든 간에 그 당시의 경험 자체에 대한 일차적 수치심이 있다. 다른 하나는 트라우마를 잊기 위해 자신이 스스로의 몸에 행했던 일들(자해, 폭음, 폭식, 약물중독 등)에 대한 이차적 수치심이다. 하지만 수치심을 느낀다는 것은 바로 타인의 시선이 존재한다는 뜻이다. 만일 피해자에 공감하고, 또 그들의 상처가 난 몸에도 공감하는 사회라면 수치심으로 움츠러든 몸은 확연히 줄어들지 모른다.

우린 지금껏 조건 없는 '프리허그'를 쉽고 주고받은 적이 있었던가. 내 삶의 경험 속에서는 선뜻 기억이 나질 않는다. 이런 나에게도 또렷하게 기억에 남아 있는 누군가의 프리허그의 장면이 있다. 그것은 바로 성소수자 자녀를 둔 부모들이 실천했던 프리허그 행사였다. 타인은 물론 가족으로부터도 인정받지 못하는 경험을 가진 성소수자들은 거리 위에서 처음 보는 어른으로부터 조건 없는 따뜻한 환대를 경험했다. 그 프리허그의 장면은 고마움과 눈물, 그리고 환한 미소가 어우러져 있었다. 누군가에게는 그저 일회성 이벤트처럼 느껴지는 이 장면에서 나는 모욕과 수치, 폭력과 학대 속에서 몸의 감각을 잃어가는 사람들이 진정한 치유의 순간을 맞이하고 있음을 느꼈다. '그래, 그 어떤 상투적인 위로의 말보다 따뜻한 포옹이 진정 치유의 힘을 가질 수 있지!'하고 속으로 되뇌었다. 그래서일까. 포옹의 힘을 안 뒤로부터 나는 나의 가족과 더 자주 안고 안기기를 반복하고 있다. 서로에게 온전한 충전의 시간을 만들기 위해서 말이다.

3. 최면과 선동이라는 터널을 벗어나는 법

"여보~! 김관욱씨~! OO 아빠~! 김! 관! 욱!!! 너희 아빠 또 저런다! 안 들려, 안 들려."

나는 책을 읽든, 글을 쓰든, 영화를 보든 집중해서 무엇에 빠져들면 주변에서 부르는 소리를 잘 놓치는 편이다. 내 입장에서 이야기해서 그렇지, 아내의 입장에서 본다면 거의 포기 상태다. 이제는 부르지 않고 직접 손으로 나를 흔든다. 그제야 화들짝 놀란 나는 "나 불렀어?"라며 능청을 떤다. 몰입을 잘하는 편이라 학업의 측면에서 보면 매우 좋은 능력인 듯하지만, 반대로 너무 관심 있는 것이 많아 자주 시간의 부족에 허덕일 때가 많다. 그러던 어느 날 나는 인간이 지닌 몰입 능력이 어떤 잠재력을 지니고 있고, 또 위험을 초래하는지 궁금해졌다. 몰입 상태는 의학적으로 '트랜스'(trance) 상태라 한다. 의식과 무의식의 중간 상태, 의식은 작동하고 있지만 몰입 때문에 그 수준이 평소보다 낮아진 상태(가수면 상태라고도 한다). 히프노시스(Hypnosis) 혹은 최면(催眠) 상태라 부르기도 한다. 그렇게 호기심에 시작한 공부가 최면의학 최고급과정까지 수료하기에 이르렀다. 나와 사회를 좀 더 이해하고픈 마음이 컸던 시절이었다.

"김관욱 선생님, 앞으로 나와 주실래요."

최면의학을 처음 배우기 시작한 때는 레지던트 시절이었다. 당시 정신과 과장님이 회진 중 입원환자의 손바닥을 마주하게 하고 암시를 주는 모습을 자주 봤던 것이 직접적인 계기가 되었다. 호기심에 그 의미를 물으며 시작했고, 최면의학 교육과정을 알게 되면서 여러 단계의 수업(스피겔 최면치료, 에릭슨 최면치료, 역동적 최면치료, 행동적 최면치료, 대인공포 최면치료 등)을 듣게 되었다. 교육 현장에는 소수의 의료인이 모여 있었다. 다양한 분야의 의사들이 모인 자리였다. 교육 과정에는 실습을 통해 확인하는 시간이 있었고, 그럴 때면 나는 항상 앞으로 불려 나갔다. 이유인즉슨, 내가 몰입력(일명 최면 감수성)이 매우 뛰어난 편이었기 때문이다. 최면 암시의 기초에서부터 무통 최면에 이르기까지 나는 당시 저명했던 정신과 지도자분의 단골 시범자였다. 무통 최면의 경우 손에 마취가 되었다는 암시를 주고 손등에 주사용 바늘을 실세 찌르는 것이었다. 과거 학생 시절 혈관주사 실습을 할 때 많이 찔려 본 경험이 있었기에 큰 격정 없이 참여했었다. 놀랍게도 나는 암시 이후 통증을 느끼지 못했다. 당시에는 신기하다는 마음보다 그 원리와 의미에 대한 궁금증이 더욱 컸다.

 당시 교육을 담당했던 정신과 선생님께서는 항상 다음과 같은 주의를 주셨다. 최면은 신비로운 마법이 아니다. 신비로움을 강조하는 그 어떤 광고나 솔깃한 이야기가 있다면 강하게 의심부터 해야 한다고 말이다. 최면의 효과란 당연히 제한적이며, 모든 사람에게 적용되지도 않는다고 끊임없이 강조하셨다. 또한 최면을 받는 사람이 그 목적에 동의하지 않는다면 어떤 암시도 효과를 얻기 힘들다는 이야기도 해주셨다. 상대가 의심을 가진 상태라면 어떠한 최면도 효과를 기대하기 어렵다는 것이다. 그래서 영화 속 최면의 효과란 지나치게 과장되었으며, 방송에서 흥미 위주의 시연(일명 '최면 쇼')도 사실 최면 감수성이 매우 높은 참가자를 선정해서 활용했을 가능성이 크다고 했다. 그 선생님은 과거 전생 최면이 유행했을 당시 '암시'에 의해서 전생의 기억이 인위적으로 형성될 수 있음을 한 방송에서 유명 여자 연예인을 대상으로 증명해 보이기도 했었다. 최면에 대한 마술적 이미지를 걷어내기 위한 노력이었다.

 그래서 이 책에서도 지금부터는 그런 선입견을 경계하기 위해 '최면'이라는 단어보다 영어 단어인 Hypnosis의 발음 그대로 '히프노시스'라 부르려 한다. 케임브리지 사전의 정의에 따르면, 히프노시스는 "잠든 것과 같은 정신 상태로 개인의 생각이 누군가에 의해 쉽게 영향을 받을 수 있는 상태"*라고 정의되어 있다. 내가 배운 정의 역시 다르지 않았다. 히프노시스는 "한 사람이 다른 사람에게 말이나 동작 등의 신호를 통하여 그 사람에게 반응을 유발시키는 것"이라 했다.[1] 핵심은 누군가에게 '반응을 유발'시키는 것이다. 바로 이 지점이 내가 히프노시스에 주목하는 이유다.

관련해서 재미있는 일화가 있는데, 나에게 최면을 가르쳐준 전문가는 언젠가 방송국에서 금연과 관련된 히프노시스 장면을 촬영해 간 적이 있다고 했다. 그런데 정작 암시를 받던 사람이 아니라 옆에서 촬영 장면을 지켜보고 있던 관계자가 제대로 암시에 빠졌다고 한다. 금연 최면의 경우 몇몇 직접적인 암시를 준다. 예를 들면, 앞으로 담배 연기 냄새가 매우 역하게 느껴질 거라고 말이다. 그러자 해당 관계자가 촬영이 끝나고 구역질이 생겼다며 전문가에게 황급히 뛰어왔다고 했다. 그도 해당 장면에서 몰입을 하고 암시를 받은 것이었다. 전문가는 이 일화를 통해 알 수 있듯이 히프노시스의 경우 절대적으로 개인의 감수성의 차이(일종의 체질이다)가 영향을 준다고 지적했고, 경험적으로 한국에서는 매우 높은 감수성을 지닌 사람은 10% 미만이라고 했다.

---

* 실제 영어표현으로는 "mental state like sleep, in which a person's thoughts can be easily influenced by someone else"이며, 이것을 해석하여 옮겼다. 출처: https://dictionary.cambridge.org/ko/사전/영어/hypnosis

실제 1998년 논문에 따르면, 한국 성인의 경우 약 70.2%가 감수성을 가진 부류로 조사된 적이 있다.[2] 히프노시스 의학으로 유명한 미국의 스피겔 교수에 따르면,[3] 미국의 경우 75%가 최면 감수성이 있으며 그중 7%는 높고, 48%는 중간이며, 20%는 낮은 감수성을 지닌다고 보았다. 그리고 나머지 25%는 전혀 감수성이 없다고 했다. 이런 결과들을 종합하면, 결국 25~30%는 히프노시스에 반응하지 않는 셈이다. 이 이야기를 들었을 때 당시 나는 이런 생각이 들었다. "만일 인간의 히프노시스 감수성이 모두 제로라면 역사는 어떻게 변했을까?"

정말로 타인의 말에 의해 쉽게 휩쓸리지 않는 사회란 어떤 모습일까? 정치적 선동과 가스라이팅(gaslighting, 교묘한 조작을 통해 상대방을 통제하는 행위)에 이르기까지 사회와 개인을 병들게 하는 참혹한 사건들이 사라질까? 그런 사회는 지금보다 고통과 갈등이 사라진 세상이 될 것인가? 온통 가정뿐이라 잘 모르겠다. 그렇다면 정반대로 이러한 감수성은 인류의 역사 속에서 어떤 역할을 담당하고 있을까? 바로 이 지점이 내가 히프노시스에 주목했던 근본적 이유였다. 지금 나는 절대 의학적 목적으로 이 글을 쓰고 있지 않다. 나에게는 그럴 능력이나 자격이 없다. 다만 인류학자로서 두 가지 측면을 히프노시스를 통해 말하고 싶다. 첫째, 몰입 상태에서의 암시가 지닌 실질적 효과는 실제로 존재하고 그것을 반드시 경계해야 한다는 점이다. 그리고 둘째, 그 암시 효과는 절대적으로 개인의 감수성에 따라 다르며 개인이 수용할 자세가 되어 있지 않으면 절대로 불가능하다는 점이다. 나는 이러한 이해를 바탕으로 최근 논란이 되는 가스라이팅에서부터, 심리 조작, 정치적 선동, 종교적 선동은 물론 언론과 마케팅에 이르기까지 몸이 지닌 선천적인 히프노시스 스위치[4]가 어떻게 사회문화적 현상에 깊이 활용되고 있는지 들여다보고 싶었다.

심리 조작의 터널과 신체 접촉

이런 나의 관심사와 유사하게 세상을 들여다보려 한 일본의 정신과 의사가 있다. 오카다 다카시는 자신의 책 『심리조작의 비밀: 어떻게 마음을 지배하고 행동을 설계하는가』에서 자살 폭탄 테러리스트가 된 엘리트 청년들의 이야기를 소개한다. 여기에는 도쿄 지하철 사린 가스 살포 사건을 저지른 옴진리교 테러범도 포함된다. 그는 이들이 단순히 '미친' 사람들이 아니라 엘리트에 속했으며, 스스로 그러한 테러 행위를 충분히 납득한 상태에서 실천했다고 한다.

오카다의 설명에서 내가 주목한 표현은 바로 '터널'이었다. 그는 중동의 테러리스트를 연구한 이스라엘 심리학자 아리엘 메라리의 표현을 빌려 특징하게 조작된 '터널'을 통과하면서 평범했던 이성적 인간이 극단적 테러리스트가 된다고 설명한다.[5] 터널은 두 가지를 함축적으로 대변한다. 첫째 외부 세계로부터 차단이고 둘째, 시야를 작은 한 점에 집중시킨다는 점이다. 일종의 시야 협착 증상이다. 이것은 먼 나라 이야기가 아닐 것이다. 국내 여러 사이비 종교단체, 불법 다단계 판매업체 등에서 흔히 목격되는 일들이다. 심리 조작의 대상자들을 외부와 차단된 공간에서 합숙하게 만들며 특정한 정보에만 집중하게 만드는 장면은 이미 다양한 미디어를 통해 우리도 익히 알고 있다.

    오카다의 심리 조작에 대한 논의가 새삼스럽지는 않다. 하지만 정신과 의사인 그가 현대사회에 수없이 많은 '터널'들이 존재한다고 지적한 부분은 절대로 간과할 수 없다. 일본 사회에서 일류 학교 진학을 위해 세상과 차단당한 채 학원이라는 긴 터널 속으로 내몰린 학생들의 이야기가 과연 다른 나라의 이야기일까. "아무리 긍정적인 목적을 지닌 터널이어도, 터널인 이상 다양한 부작용이나 위험이 도사리고 있다"[6]는 오카다의 지적은 정말로 숙고해 보아야 할 지점이다. 목적을 말하기 전에 터널 속에 가두어진다는 사실 자체가 문제인 것이다. 안타깝게도 학교도, 회사도, 나아가 사회 전반에 걸쳐 크고 작은 터널들이 존재한다. 어떤 사람들은 오히려 그런 터널 속에 들어가 있다는 사실에 안심하고 자신감에 도취해 있을 수도 있다. 반면 그럴 능력도, 자본도, 인맥도 없는 경우 터널과 터널 사이 공터에서 홀로 불안에 떨고 있는지도 모른다.

그런데 아이러니한 것은 통제된 터널이라 할지라도 그런 공간조차 없는 사람들이 오히려 타인의 심리 조작에 쉽게 빠져든다는 점이다. 오카타는 히프노시스 감수성이 똑같다 하더라도 스트레스를 강하게 받게 되거나 자신을 보호해주던 환경이 약해졌을 때 심리 조작을 당하기 쉽다고 지적한다.[7] 그래서 세뇌를 시도하는 자는 그러한 환경 속에서 불만, 분노, 죄악감, 좌절감과 같은 갈등을 지닌 자를 찾아 그 감정을 불타오르게 하며 심리 조작을 시도한다고 말한다. 그렇다면 오늘날 소위 각자도생의 사회에서 타인과의 유대감이 약해지고 무한경쟁 속에서 고립된 채 지내는 현대인들이야말로 심리 조작에 좌우되기 쉬운 상황에 놓여 있는 것이 아닐까.

이와 관련하여 오카다는 기존에 널리 알려져 있던 천재적 생리학자로 불리는 이반 파블로프의 강아지 실험의 또 다른 사실을 들려준다.[8] 파블로프 박사는 소위 '고전적 조건형성'으로 알려진 행동조작기법으로 잘 알려져 있다. 그 실험에서는 강아지에게 먹이를 주기 전에 벨을 울려서 조건형성을 시킨 후 벨 소리만으로 먹이를 주었을 때 나타나는 생리적 반응(침을 흘리다)을 조작할 수 있었다. 그의 이런 연구 결과는 구소련의 혁명가 레닌으로부터 "혁명의 미래"를 보장했다는 찬사를 받았다고 알려져 있다. 하지만 오카다가 주목하는 파블로프의 강아지 실험은 전혀 다른 것이었다. 그것은 바로 그렇게 조작된 행동들이 순식간에 소실되게 만들 수 있고, 그로 인해 그들을 전혀 다른 불안정한 존재로 초기화시킬 수 있다는 사실이었다. 파블로프는 이것을 아주 우연한 기회에 발견하게 된다.

1924년 어느 날 대홍수가 파블로프의 실험실을 덮치게 되었고, 그로 인해 실험용 강아지들이 물에 빠져 죽을 뻔한 사건이 발생했다. 다행히 실험실 관계자에 의해 강아지들은 생명을 구할 수 있었다. 그런데 이후 믿을 수 없는 일이 발생했다. 그렇게 강력히 몸에 베어 있던 조건반사가 모두 소실된 것이었다. 나아가 강아지의 성격조차 정반대로 변해 있었다. 얌전하던 강아지가 난폭해지거나, 반대로 난폭했던 강아지가 온순해지기도 했다. 파블로프는 이렇게 '심적 외상 체험'에 의해 이전의 조건형성이 사라질 뿐만 아니라 정반대의 상태로 변할 수 있음을 목격한 것이다. 이것은 두 가지 측면에서 의미가 있다. 첫 번째는 파블로프가 목격했듯 극한 상태의 경험이 기존의 조건형성 결과를 완전히 초기화시킬 수 있다는 사실이다. 두 번째는 누군가를 세뇌시키기 위해 기존의 가치관을 역전시키려 한다면 반드시 극한 상황으로 그를 내몰아야 한다는 사실이다. 아동을 학대하는 부모의 경우가 바로 후자의 사례이지 않을까 싶다.

정도의 차이가 있겠지만, 사회 곳곳에서 '물속에 빠진 파블로프의 강아지'처럼 내몰린 사람들을 목격하기란 어렵지 않아 보인다. 특히 오늘날 끊이지 않는 사건, 재난, 참사의 일상을 살아가는 현대인들에게 홍수와도 같은 극단적 상황들이 연속된다면, 오랜 기간 축적해 온 사회의 안전망인 도덕이 어느 순간

허물어지고, 극단적으로 난폭해진 사람들이 발생하지 않을까 우려되기도 한다.

사회학자 에밀 뒤르켐(Emile Durkheim)이 무질서한 세상을 뜻하며 말한 근대사회의 '아노미'적 상황이란, 어떻게 보면 인간이 자초한 극단적 상황들(전쟁과 살육, 돈과 권력에 대한 탐욕 등)이 만든 신체적 조건반사라는 생각이 든다. 개인과 사회를 둘러싼 각종 트라우마가 발생하면서 그나마 몸을 숨기고 있었던 터널들이 허무하게 붕괴되는 상황에 내몰리고 있는 것은 아닐까. 불안을 해소하기 위해 불가피하게 들어간 터널마저 붕괴될 때 우리가 기댈 곳은 어디에 있을까. 만일 재난과도 같은 현실이 피할 수 없는 인류의 숙명이라면 히프노시스 능력이 존재한다는 것 자체는 어찌 보면 축복일지도 모르겠다.

오카다는 1970년대 및 80년대에 걸쳐 일본에서 발생했던 '손금 봐주는' 도자기 판매원의 이야기를 소개한다.[9] 이들은 일류 회사에 다니다가 갑자기 그만둔 채 전국을 돌며 도자기 방문 판매를 하기 시작했다. 지금 생각하면 일종의 다단계 판매업체인데 중요한 것은 이들이 고가의 도자기를 판매하기 위해 사용한 심리 조작 방법이 '손금 보기'였다는 사실이다. 처음 본 고객에게 손금을 봐준다고 제안을 하며 자연스럽게 신체적 접촉을 한 후 칭찬과 조언을 이어갔다. 그 모든 과정이 히프노시스에서 사용하는 몰입과 암시 방법과 동일하다. 과학적 방법을 활용하여 구매자의 심리를 조작한 셈이다.

여기서 중요한 점은 바로 신체 접촉(손금을 보기 위해 손과 손을 접촉하는 것)과 반복된 칭찬의 말이다. 오카다 역시 이것이 긍정적인 히프노시스 치료 효과에 있어 매우 중요함을 강조하며, 프랑스의 아동 치료 전문가였던 의사 카우프만을 소개한다.[10] 그녀가 아이들을 치료하는 법은 아주 간단명료했다. 아이를 앉은 상태에서 부드럽게 쓰다듬으며 '점점 좋아질 것이다'라고 위로와 용기의 말을 되풀이해 주는 것이었다. 그리고 부모에게도 희망적인 이야기만 반복하도록 지도했다. 왠지 내가 어렸을 적 할머니가 아픈 손자의 배를 문지르시며 했던 '할머니 손은 약손~!' 노래가 떠오른다. 오카다는 카우프만의 사례가 히프노시스의 자기암시 효과는 물론이고 신체적 접촉이 가져다주는 효과를 보여준다고 강조한다. 신체는 포옹과 같은 신체 접촉시 옥시토신 호르몬을 왕성하게 분비되는데, 이것은 항불안 작용 및 항 스트레스 작용은 물론이고 면역계나 성장 호르몬 작용이 있다는 설명이다.

생각해보면, 현실 속 수많은 터널 속에서 심리 조작과 같은 암시들이 난무하지만(능력을 키워라, 경쟁에서 이겨야지만 행복이 보장된다 등), 정작 손과 손의 접촉과 같은 신체적 접촉과 따뜻한 칭찬은 쉽게 경험하기 어렵다. 우리 사회에서는 오직 긴 터널 끝에서 성공을 달성했을 때만 포옹과 칭찬을 기대할 수 있다. 레지던트 시절 히프노시스 교육을 받으며 가장 기억에 남는 것이 있다. 그것은 의학적 차원에서 히프노시스로 누군가의 고통을 줄여주기 위해서는 가장 중요한 것이 바로 '관계 형성'이라는 점, 그리고 모든 암시 과정에서 마지막에는 치료자가 항상 환자 곁에 든든한 버팀목으로 있어 줄 것이라는 '연결 암시'가 중요하다는 점이었다. 이 말은 누군가 옆에서 기댈 수 있는 존재가 있다는 사실 자체가 얼마나 중요한지를 의미한다.

어느 날 학생 한 명이 울면서 내게 왔다. 안산에 있는 세월호 기억저장소를 방문한 이후 아이들이 끊임없이 떠올라 눈물이 멈추질 않는다고 했다. 학생은 그곳을 떠나왔지만, 아직 마음은 그곳에 머물러 있었다. 일종의 몰입 상태였다. 자칫 잘못하면 그동안 쌓아온 세상에 대한 모든 신뢰가 허물어져 버릴 수도 있는 상황이었다. 마치 홍수 재난 속 물에 빠진 파블로프의 강아지처럼 말이다. 나는 학생 앞에 앉아 그의 이야기를 말없이 들어주었다. 어느 정도 시간이 지나고 마음이 좀 진정되었다고 느껴졌을 때 나는 그의 어깨에 손을 올렸다. 그리고 말을 이어 나갔다. 너의 잘못이 아니라고, 그리고 여전히 세상은 희망을 이야기할 수 있다고 말이다. 힘들 때는 언제든 나에게 찾아오라고 했다. 짧은 순간이었지만, 그렇게 나의 손길과 위로가 그에게 세상을 버틸 수 있는 안전한 터널이 되어주길 바랐다. 그리고 며칠 후 다시 건강해진 그 학생의 미소를 볼 수 있었다.

4. 몸이 기억하고 말하는 폭력

"모르는 사람과 2분 동안 서로의 눈을 바라볼 수 있나요?" 행위예술에 대한 한 영상에서 강연자는 이렇게 말을 한다. 청중들은 웅성거리기 시작한다. 나 역시 그들이 과연 서로 눈을 마주할 수 있을까 고민하던 찰나 갑자기 카메라는 강연자의 얼굴을 클로즈업하기 시작하고 이내 나는 그녀의 눈동자를 마주하게 되었다. 당혹스러웠다. 화면을 통해 보고 있었음에도 그녀가 나의 눈을 바라보고 있는 듯 느껴졌다. 영상을 멈출 겨를도 없이 당황한 나는 얼어붙은 채 그 눈을 홀린 듯 마주했다. 그 짧은 순간 동안 제대로 숨을 쉴 수 없이 얼어붙어 있었다. 그리고 그녀는 2분 뒤 말했다. "Thank you for trusting me!" 믿어줘서 고맙다고 말이다. 그녀의 이름은 마리나 아브라모비치(Marina Abramović)였다.[1]

나는 지금도 가족이 다니는 교회에 잠시 들렀을 때 모르는 사람끼리 축복의 인사말을 건네는 그 짧은 순간조차 어색해서 참기 힘들어한다. 물론 겉으로 티를 내지는 않는다. 그런데도 온몸으로 어색함과 찰나의 긴장감이 드러난다. 생각으로 통제되지 않는 당혹감이다. 마리나 아브라모비치와의 눈 마주치기도 같은 맥락이다. 단지 차이라면 그녀가 당황스러워하는 나의 얼굴을 볼 수 없다는 사실이었다. 그녀는 그렇게 몸과 몸의 마주침을 통해 언어가 아닌 행위로 대화를 시도한 것이었다. 이 신기한 경험 이후 나는 그녀의 예술적 발자취를 따라갔고 거기서 인간이 어디까지 폭력적일 수 있는지를 증명한 행위예술을 목격했다. 작품의 제목은 〈리듬 0〉(1974년 작)이었다.

그 작품에서 그녀는 6시간 동안 마네킹이 되었다. 그리고 관객에게 메시지만을 남겼다. "테이블 위 72개 물건을 원하는 대로 나에게 사용하세요. 나는 대상(object)입니다. 여러분이 내게 원하는 모든 것을 할 수 있습니다. 6시간 동안 그 모든 일에 대해 내가 책임을 질 것입니다." 그 6시간 동안 과연 관객과 그녀에게 무슨 일이 벌어졌을까 상상해보라. 한국이었다면? 지금이었다면? 그 결과는 이러했다. 관객들은 처음부터 과감하지는 않았다. 아주 조심스러웠고 단순한 접촉과 자세의 변화 정도만을 시도했다. 하지만 조금씩 과감한 것을 시도하게 되었다. 어느새 그녀의 상체는 나체가 되었고, 목에는 면도칼로 벤 상처 위로 피가 흘러내렸다. 여러 성추행이 시도되기도 하였으

며, 끝내 총에 총알을 넣고 그녀가 스스로를 겨누도록 만들었
다. 6시간이 지나 마리나는 조금씩 움직이며 관객들을 향해 눈
을 돌렸다. 대상이 아니라 이제 주체(subject)가 되어 그들에게
다가가려 한 순간 모든 관객들이 등을 돌리고 자리를 황급히
떠나버렸다. 그녀는 당시의 기억을 떠올리며(특히 그때 받은 목의
상처가 아직 남아 있다고 한다) 인간의 폭력성이, 악마적 성향이 얼
마나 빠르게 자라고 퍼지는지를 목격했다고 말했다.[2]

〈리듬 0〉 작품 속에서 마리나는 그 어떤 메시지도, 대사도 전
달하지 않았다. 그녀가 한 것이라곤 그저 아무것도 하지 않는
것이었다. 남은 것은 모두 관객들이 스스로 드러내고 창조해낸
것이었다. 그것은 책임감을 면제받았을 때 얼마나 잔혹해질 수
있는지를 증명했다. 그리고 그 결과는 현실에서 이와 같이 잔
혹한 폭력 앞에 무방비일 수밖에 없는 사람들이 어떠한 고통을
견뎌내야 하는지 또한 보여주었다. 그녀의 행위예술에 대한 해
석 중 내게 가장 인상적인 해석은 독일의 연극학 이론가 에리
카 피셔 리히테(Erika Fischer-Lichte)의 아래와 같은 설명이다.

"행위의 육체성과 물질성이 기호성을 압도적으로 누르며 우
선한다."[3]

(The materiality of her actions dominated their semiotic attributes)[4]

기호성이 육체의 물질성을 압도한다는 말이 무엇일까? 우

리의 모든 행동(혹은 퍼포먼스)은 사회문화적으로 특정한 의미를 지닌다. 일종의 기호이자 몸짓 언어인 셈이다. 그 말인즉슨, 우리는 서로의 몸짓을 있는 그대로 보는 것이 아니라 기대하는 몸짓을 읽는 것이다. 즉, 상호 약속된 퍼포먼스를 주고받는 과정이다. 그런데 만일 그 행동이 기대했던 기호를 벗어난다면 어떨까. 그때 몸은, 육체는 그 자체가 강렬한 메시지가 된다. 마리나의 목에 난 익명의 관객이 만든 상처로부터 피가 흘러내릴 때 그 장면은 보는 이로 하여금 강렬한 메시지를 체감하게 만든다. 잔혹함. 폭력성. 현장에 있던 관객들이 6시간이 종료되자 현장을 급하게 떠난 이유는 그들이 분명 그 메시지를 느꼈기 때문일 것이다.

사실 마리나는 다양한 작품들을 통해 자신의 몸에 스스로 상처와 고문을 가했다. 다른 작품에서는 〈리듬 0〉에서와 달리 관객과 그녀가 정반대의 위치에 놓여 있었다. 관객은 객석에 앉은 채로 마치 아무것도 할 수 없는 대상(object)이 되어 그녀가 주체적으로 펼쳐내는 온갖 인간의 폭력과 고통(엄청난 양을 술을 마시고, 자신의 등에 채찍질을 하고, 복부에 면도칼로 상처를 내고, 거대한 얼음 위에 나체로 눕는 등)을 눈앞에서 숨죽여 목격할 뿐이었다. 견디다 못해 무대 위로 뛰어 올라가 마리나를 스스로 가한 고통으로부터 구하려고 한 이들도 있었다. 그녀가 한 마디 대사도 없이 자신의 육체에 물리적 해를 가함으로써 관객의 몸에 어떠한 변화를, 나아가 특정한 변환(transformation)을 일으킨 셈이다. 참을 수 없는 몸 말이다.

피셔 리히테는 마리나의 행위예술을 통해 공연의 예술성, 혹은 미학에 대한 경험이 작품 자체에 의해 만들어진다고 보지 않았다. 오히려 공연 중 수행되는 사건과 몸의 느낌을 통해, 즉 "참여자들 사이에서 일어나는 일", "실제의 육체와 공간을 함께 경험하는 것"을 통해 형성된다고 강조한다.[5] 마치 내가 영상을 통해 그녀와 2분가량 눈을 마주친 행위를 통해 온몸으로 체감한 그 전율처럼 말이다.

이와 같은 육체의 물질성이 지닌 강력한 변환의 힘을 우리는 살면서 부정적으로 경험한 적이 있다. 내 경우 그것은 체벌이었다. 지금은 상상하기 어려운 체벌이 90년대 중학교, 고등학교 시절에만 하더라도 '사랑의 매'로 받아들여지던 시절이었다. 공부를 못해도 맞고, 잘해도 맞았다. 청소용 도구는 언제나 매로 돌변할 준비가 되어 있었다. 시험성적은 몸이 기억하는 체벌의 아픔과 항상 연동되어 있었다. 나는 지금의 내 위치가 그 매의 물리적 고통에 의해 이루어졌다고 절대 믿지 않는다. 하지만 그것이 백 마디 꾸중보다 압도적으로 강한 메시지를 주었다는 점에서는 백번 동의한다. 내가 체벌을 당하지 않는 순간에도 그 살과 매가 부딪힐 때 나는 소리는 그 어떤 것보다 나를 경직되게 만들었다.

몸이 기억해야 할 폭력

교실 안에서의 체벌. 당시 교사는 아마도 〈리듬 0〉 속 관객이었을지 모른다. 그리고 학생은 어떤 책임도 스스로 감내해야 하는 대상이었을지 모른다. 인간의 역사에서 이러한 폭력성, 잔혹성은 어떻게 통제할 수 있을까. 오직 더 큰 폭력의 위협만이 막을 수 있는 유일한 해법일까. 이런 끝 모를 고민 속에 내게 육체에 가해지는 물리적 폭력을 완전히 다른 시각에서 바라보게 한 인류학자가 있다.

그는 프랑스 인류학자 피에르 클라스트르(Pierre Clastres)이다. 그의 책『국가에 대항하는 사회』(1974)에는 서구인들이 미개한 종족이라 비난하는 아메리카의 원주민들이 등장한다. 그리고 그들이 의례적으로 행하는 신체고문이 등장한다. 며칠간 단식을 시키며 쇠꼬챙이로 살을 뚫거나, 날카로운 재규어의 뼈로 성기와 다른 신체 부위를 뚫는 고문들이 행해졌다.[6] 글을 읽기만 해도 내 몸이 아파질 정도로 잔혹한 장면들이었다. 나는 글을 다 읽지 않은 상태에서 이것이 또 다른 〈리듬 0〉의 장면이라 섣불리 판단했다. 하지만 그건 체벌에 익숙했던 나의 몸이 기억하는 폭력일 뿐이었다. 클라스트르가 묘사한 폭력은 그 반대에 가까웠다. 즉, 폭력에 저항하기 위한 폭력이었던 것이다. 아래의 인용문을 읽고 나서 나는 몸이 기억해야 할 폭력도 있음을 상상하게 되었다.

"이곳의 의례에서는 언제나…신체에 고문을 가한다…고문하는 바로 그 순간에 의례가 노리는 것은 신체에 자국을 남기는 것이다. 입문 의례를 통해 사회는 젊은이들의 신체에 사회의 각인을 새겨 넣는다…각인은 망각에 대한 장애물이고, 신체 자체가 기억의 흔적을 간직하고, 신체가 기억이 된다."[7]

"그들이 고통 속에서 알게 된 법은 원시사회의 법이고, 그 법은 너는 그 누구보다 낫지도 않고 못하지도 않다는 것을 각자에게 말해준다…모든 신체에 똑같이 새겨진 각인은 다음과 같이 선언한다. 즉 너희들은 권력의 욕망을 지니지 않을 것이고 복종의 욕망을 지니지 않을 것이다,라고"[8]

클라스트르의 해당 글귀를 읽었을 때, 아니 더 정확히는 아메리카 원주민들이 젊은이들의 신체에 사회의 법을 각인시켜 넣었다는 사실을 알게 됐을 때 놀랐다. 그리고 망각해서는 안 될 법이 '너는 그 누구보다 낫지도, 못하지도 않다'는 것과 '권력의 욕망을 지니지도, 복종의 욕망을 지니지도 않아야 한다'였다는 사실에 또 한 번 크게 놀랐다. 그렇지 않은가? 지금 우리가 마주하고 있는 현실을 마치 예견이라도 한 듯 정반대를 요구하는 법처럼 들렸다. 우리는 자녀가 그 누구보다 능력이 뛰어나기를 강조하고, 그래서 그 능력으로 좀 더 높은 권력의 자리에 오르기를 신념처럼 강조하는 현실을 마주하고 있지 않은가. 그 어떤 부모도 남보다 뛰어나지 않아야 한다고 매를 들거나, 권력도 복종도 바라지 말아야 한다고 매를 들지 않을 것이다.

나는 원주민들에게 묻고 싶었다. 그들이 목격한 인류의 오래된 미래란 무엇이었길래 그렇게 지울 수 없는 법을 젊은이의 신체에 새겨 넣었는지 말이다. 왜 남보다 뛰어나지도 못하지도 않음을, 왜 권력도 복종도 욕망해서는 절대로 안 된다는 것을 새겨 넣었는지 말이다. 클라스트르는 그 이유를 이렇게 설명한다. 그가 목격한 원주민들은 "권력은…그 권력을 무력화시키기 위한 수단으로서만 행사"한다. 즉, "정치적 권위의 독성을 중화하는 수단"으로만 사용하는 것이다. 그들은 "권력의 초월성이 집단에 치명적인 위험을 내포하고 있다는 것, 외재적이고 스스로 정당성을 창출하는 권위라는 원리가 문화 자체에 대한 도전이라는 것을 일찍감치 알고 있었던 것이다."[9]

그들은 남보다 뛰어난 능력을 토대로 누군가를 복종하게 만드는 권력이라는 것이 그 집단 자체에 얼마나 치명적일 수 있는지를 오랜 경험을 통해 깨닫고 있었다. 마치 마리나 아브라모비치가 〈리듬 0〉 공연을 통해 목격했던 익명의 관객들이 보여준 그 폭력성 말이다. 어떻게 보면, 원주민들이 했던 신체고문이란 그녀의 공연과 정반대였다. 원주민들은 그녀가 아닌 관객에게 고문을 가하기를 선택한 셈이다.

지금 우리의 몸은 어떤 기억을 새기고 있나

오늘날 한국의 현실은 어떠할까. 나는 아메리카 원주민들이 경험했던 의례적 신체고문과 정반대의 고문이 존재한다고 느낄 때가 많다. 특히 노동의 현장이 그렇다. 그것도 모든 노동자가 아닌 특정한 계급의 노동자에게만 한정되며, 그 현장이란 바로 산업재해의 위험이 도사리는 공간이다. 그중 기억에 오래 머문 기사가 있다. 2022년 여름 악명 높은 중간도급 업체의 현장에 참여하다 열사병으로 사망한 50대 노동자가 있었다. 의사는 그 노동자의 "온몸이 익어 있었다"라고 말했다.[10] 실제 당시 그의 체온은 41도였다고 한다. 그렇게 2022년 여름, 6명의 노동자가 현장에서 생을 마감했다. 이건 분명 고문이다.[11]

오늘날 가장 정당한 권력이라 인정받는 것은 자본일 것이다. 그 자본의 초월적 힘은 뙤약볕 밑에서 온몸이 익을 때까지 일하게 만들 만큼 치명적이다. 아메리카 원주민들이었다면 이 위험성을 모두가 잊지 않도록 자본가 모두를 뙤약볕 밑에서 똑같이 일을 시켰을지 모른다. 그것도 매년 의례적으로 말이다. 하지만 현실 속 자본가들은 또 다른 권력인 법의 보호 아래 스스로 정당했음을 주장한다. 나는 이런 상상을 해본다. 그들이 사망한 노동자의 유가족과 단 2분만 눈을 마주보고 있게 만든다면, 혹은 현장 노동자들과 2분만 눈을 마주하게 만든다면 상황이 조금은 달라졌을까.

하지만 가슴 아프게도 한국에는 마리나 아브라모비치와 같은 노동자가 있다. 스스로 몸에 폭력을 가함으로써 세상의 폭력성을 드러내고자 하는 노동자 말이다. 1970년 11월 청계천 피복공장 노동자 전태일이 스스로 몸에 불을 지폈던 역사가 반세기가 지난 2023년 현재에 이르기까지 반복되고 있다. 노동자가 권력의 폭력성을 폭로하고 이를 사회에 각인시키기 위해 자신이 지닌 마지막 사유재산인 육체의 물질성에 기댄 것이다.

이런 현실에서 우리의 몸은 과연 어떤 기억을 새기고 있을까. 타인에게 복종하지 않기 위해 권력을 좇는 몸, 혹은 그 반대일까. 인류학자 소르다스(Thomas Csordas)는 "문화에 대한 어떤 정의에서도 문화가 인간의 육체에 기초한다는 점을 진지하게 고민하지 못했다"라고 지적한다.[12] 권력이 특정한 사람들의 몸에 가하는 폭력은 그 개인의 불행에 그치는 것이 아닐 것이다. 그것을 목격하고 있는 모든 이들의 몸에 공포와 두려움을 무의식 중에 새겨 넣고 있을지 모른다. 그렇게 우리는 각자도생의 몸으로 길들여지고 있는 건 아닐까. 지금 당장 타인의 눈동자를 마주할 그 2분의 여유가 우리에게 절실히 필요해 보인다.

4부

몸에 거주하는 사회

1. 보이는 몸, 몸의 자세가 곧 문화다

"형, 여기 물고기 진짜 많은데…팍! 억! 으앙! 내 이빨!"

몸의 소리를 듣기 위한 준비 운동으로 내 사연 하나를 이야기해보려 한다. 사실 나는 사연 있는 몸이다. 태연한 척 지내왔지만, 성인이 되기 직전까지 약 10년 동안 앞니가 부러진 채 지내왔다. 초등학교 2학년 때 물가에서 형이 장난삼아 던진 조약돌에 맞아 앞니 두 개가 부러졌고, 이후 고등학교 졸업 전까지 제대로 치료를 받지 못한 채 지냈다. 나에게 그 10년이란 세월은 말문과 웃음이 닫힌 시기였다. 오직 집 안에서만 활짝 앞니를 드러낸 채 웃을 수 있었고, 집을 나서는 순간부터 복화술을 하듯 닫혀 있었다. 그렇게 나의 10대는 부러진 앞니를 어떻게 숨기고, 숨겨 나갈 것인지의 반복이었다. 고등학교 졸업과 함께 의치로 앞니를 복구했지만, 지금까지도 나는 앞니가 없는 몸으로 살아간다. 이제는 남들에게 보여줄 수 있는 앞니가 생겼지만 어린 시절에 습득한 위장술은 나쁘지 않은 생존전략이었기에 여전히 앞니가 없는 몸을 잘 활용하며 살아간다. 내가 아니라 나의 몸이 말이다. 난 아직 그 몸의 온전한 주인이 아니다.

그러다 대학 강의실 안에서 어느 학생의 몸에서 울려오는 익숙한 목소리를 듣게 되었다. 그 학생은 명문대라 불리는 학교에 다니고 있었고, 밝고 매사에 성실했다. 잿빛이라고는 티끌만치도 찾을 수 없을 만큼 밝았다. 하지만 내가 10대 동안 앞니를 잃어버렸듯 그는 발가락 한 마디를 태어날 때부터 잃은 듯했다. 과제로 제출한 그 학생의 보고서에는 양발이 어둡게 찍힌 사진이 첨부되어 있었고, 10개의 발가락 중 유독 하나가 짧아 보였다. 이 사진이 기억 속 깊이 새겨진 이유는 발을 어둡게 촬영한 이유 때문이었다. 그는 처음에 발가락을 밝게 찍어 제출하려 했지만 끝내 그러지 못하고 결국 어두운 그림자와 같은 발 사진을 제출했다고 했다. 나는 보고서를 보고 당시 학생에게 이렇게 질문했다.

"있는 그대로 발을 촬영하지 못하게 학생의 손가락을 막아선 힘은 무엇이었을까요? 학생의 힘은 몇 퍼센트이고 학생 몸 밖의 힘은 몇 퍼센트였을까요?"

그는 머뭇거리며 답을 하지 못했다. 학생은 어려서부터 여름이 오는 것이 두려웠다고 했다. 아무리 덥고 습한 날씨에도 발가락을 운동화 속에 꼭꼭 숨겨야 했기 때문이다. 그래서 집에

오면 발이 땀에 젖어 퉁퉁 부었다고 했다. 그 작은 발가락이 그의 온몸을 지배하게 된 또렷한 일화가 있었다. 초등학교 시절 신발 가게에서 멋진 샌들을 발견하고 주인 아저씨가 맞는 치수를 찾아 신겨 주었는데, 아저씨가 그 작은 발가락을 보고 놀란 듯 잠시 머뭇거린 적이 있었다. 말로 표현하진 않았지만, 그 찰나의 불쾌한 기색이 어린 그에게 온전히 전달됐다. 그는 수년이 지난 후에도 그때 그 아저씨의 시선과 얼굴 표정을 잊지 못한다고 했다. 이후 작은 발가락은 꼭꼭 숨겨져 아무도 볼 수 없었지만, 그의 몸 전체는 항상 타인의 시선에 온전히 자유로울 수 없었다.

몸의 가장 큰 특징은 무엇일까? 그것은 바로 '보인다'라는 사실이다. 몸은 운동 및 감각 기관 이전에 '보이는 몸'(seen body)[1]이다. 몸에는 언제나 타인의 시선이 머무른다. 심지어 보이지 않는 발가락마저도 항상 타인에게 '보이듯이' 행동하게 만든다. 그저 딱 한 번 찰나의 순간 타인의 불편한 시선을 경험하는 것만으로도 평생 온몸이 알몸처럼 변해버릴 수 있다. 내가 어릴 적 부러졌던 앞니를 정상적으로 복구한 지금도 여전히 몸에 지니고 살고 있는 것처럼 말이다. 학생 역시 잊을 수 없었던 과거의 시선에 대한 기억 때문에 항상 자신의 발가락을 누군가로부터 숨기기 위해 특정한 자세를 취했던 것이다.

영국 몸 철학자 루나 돌레잘(Luna Dolezal)은 몸이 보인다는 사실이 갖는 의미를 감성과 연결지어 설명한다. 그녀는 우리의 몸이 '보이기' 때문에 항상 '수치심에 빠지기 쉬운 몸'(shame-prone body)이라 강조한다. 그녀의 이러한 통찰은 병원 진료실에서 감추고 싶은 (병들고 비정상적인) 몸을 드러내야만 했던 환자들의 수치스러운 경험에 대한 철학적 성찰에서 나온 것이다.[2] 돌레잘은 사회가 수치심을 통해 몸에 대한 규범을 '문화적으로 처방해왔다'라고 지적한다. 몸은 보이고, 보이기에 수치심이 달라붙기 쉬우며, 따라서 규범의 가장 기본적이고 강력한 요소로 선택된다.

나는 '그림자 발가락' 학생을 통해, 그리고 이후 한국의 여러 현장[3]을 통해 아픈 몸들의 울림들을 경험할 수 있었다. 그때마다 공통적으로 느꼈던 것은 바로 겉으로는 보이지 않지만 몸속에 머물고 있는 예견된 불명예와 수치 등에 대한 긴장감, 떨림이었다. 그리고 그 이유를 찾고 싶었다. 스스로 온전히 통제하지 못하는 몸의 비밀 말이다. 그 첫 번째 단서를 무용이론에서 얻었다. 춤의 인류학을 연구한 무용이론가 신상미[4]는 몸을 움직이게 만드는 가장 중요한 내적 요인으로 '흐름'(Flow)을 소개한다.[5] 이 흐름은 몸 안에 흐르는 전류와도 같은 것인데 '자유로운 흐름'(free flow)과 '통제된 흐름'(controlled flow) 두 가지로 구분된다. 전자는 아이들이 분수대에서 물보라와 함께 마음껏 뛰어놀고 있는 몸의 흐름이고, 후자는 양동이에 물을 넣고 머리 위에 짊어지고 걷는 사람들의 몸의 흐름이다(처음 이 설명을 듣고 나는 감탄을 금하지 못했다. 정말로 쉽고 명확한 비유가 아닐까). 나는 몸의 움직임 원리에 대한 무용이론가들의 오래된 해설을 통해 사람들의 긴장감과 떨림의 의미를 조금 더 알 수 있었다. 생각해보면 사람들은 정말로 모두 머리 위에 자기만의 물 양동이를 지고 사는 듯하다. 그 물의 양이 적은 사람도, 견디지 못할 만큼 많은 사람도 있을 것이며, 혹은 아예 그 물 양동이를 비운 채 사는 사람도 있을 것이다. 대다수 사람은 머리 위 양동이를 무시하며 살기보다는, 조금이라도 물이 쏟아져 몸이 수치심에 젖지 않도록 긴장하며 한 걸음씩 조심스레 걷고 있을 테다. 그 그림자 발가락을 가진 학생과 이제는 사라진 부러진 치아를 여전히 지니고 사는 나처럼 말이다.

누가 몸의 경계선을 그었나

그럼 그 양동이 속 물은 누가 넣은 것이며, 물의 양은 누가 조절하는 것인가. 누군가의 강요로 스스로 물 양동이를 무겁게 만든 것인가. 이때 문화는 어디까지 연루된 것일까. 이런 질문이 싹튼 이후 나는 문화가 사람들의 몸을 통제하는 머리 위 양동이 속 물과 같다고 사유하기 시작했다. 그리고 이어진 질문은 '과연 어떤 식으로 그 물이 채워지고 작동하는 것일까?'였다.

이 질문에 답을 찾고자 내 초등학교 시절 잊히지 않는 기억 하나를 공유하고자 한다. 초등힉교 5학년 시절이었다. 그때 짝꿍의 부모님이 동네에서 옛날식 닭집(살아 있는 닭을 주문과 함께 잡아서 팔던 곳)을 운영했다. 그는 조용한 아이였다. 그런데 같은 반 학생들은 그를 조롱의 대상으로 삼았고, 누가 더 조롱하는지로 서로의 용기를 과시했다. 그의 부모님이 냄새나고 더러운 닭집을 한다고 조롱하며, 그 불결함이 그의 몸에 묻어 있다고 생각했다. 학생들은 그와 '접촉'하는 것(실제로는 때리는 행동에 가까웠다)을 자신들의 담력을 실험하는 것으로 여겼다. 자신의 몸이 오염이라도 될까봐 가까이 가려 하지 않았고, 서로 그를 향해 밀치는 식으로 장난을 쳤다. 생각해보면 나 역시 침묵으로 그 상황에 동조하고 있었던 것 같다.

그는 소위 불가촉천민처럼 취급받은 것이었다. 하지만 실제로 더럽거나 불결하다고 할 그 어떤 지점도 없었다. 그의 불결함은 학생들이 상상해 낸 가상의 이미지였다. 그런데 반에 단 한 명, 반장은 달랐다. 반장은 그의 몸, 옷, 심지어 그의 물건들에도 닿는 것을 혐오하던 아이들과 정반대로 이러한 상징적 오염으로부터 태연했다. 반장은 그와의 모든 교류가 자연스러웠다. 신기한 건 다른 아이들이 그런 반장만은 비난하거나 조롱하지 않았다는 사실이다. 만일 내가 그랬다면 나 역시 더러운 놈이라고 손가락질 당하며 따돌림 받았을 것이다. 반장은 항상 고급스러워 보이는 옷을 입고 성적도 우수했다. 그런 그에게는 내 짝꿍과 정반대의 상징적 힘이 있는 것처럼 느껴졌다. 다른 학우들이 무시할 수 없는 아우라 같은 것 말이다.

내 짝꿍의 몸에 덧씌워진 오염의 이미지와 반장의 몸에 드리워진 순결의 이미지는 지극히 상징적인 것들이었다. 그들의 몸 주변에 정반대의 보이지 않는 경계선이 드리워져 있었다. 하지만 그것은 교실 안 모든 학생에게 실제로 힘을 발휘하는 선이었다. 이렇게 보이지 않지만 실재하는 상징적 경계선에 대해 오랜 기간 연구한 인류학자가 있다. 바로『순수와 위험』을 쓴 메리 더글라스(Mary Douglas)다.[6] 그녀는 오염에 대한 집단의 기준이 위생적 개념에서 출발한 것이 아님을 강조했다. 아니, 강조를 넘어 위생 따위를 운운하는 것을 아예 세상물정 모르는 순진한 생각이라며 비판했다. 더글라스는 오염의 경계선은 어디까지나 집단을 통제하고 그로 인해 집단의 결속감을 키우기 위해 '상징'적으로 선택된 것이라 확신했다. 그렇다. 그때 초등학교 5학년 교실 안에서는 누구도 순진하지 않았었다. 오히려 어린 나이에도 모두 상징적 놀이에 너무 능숙했다. 누구를 집단의 희생양으로 삼을지, 누구를 순결한 존재로 대우할지 본능적으로 파악한 듯 느껴질 정도였으니 말이다.

더글라스의 이야기를 좀 더 들어보자. 그녀는 "오물이 있는 곳에는 반드시 체계가 존재"한다고 말한다.[7] 여기서 체계는 곧 사회의 규범에 해당한다. 즉, 특정한 행위나 사물에 대한 '도덕적 평가'다. 그런데 이것은 단순히 평가에 그치지 않는다. 더글라스는 그것이 평가를 넘어 '정의'(definition)에까지 이른다고 보았다. 그러니까 닭집의 자녀였던 학생은 더럽다고 평가받은 것을 넘어 그녀가 곧 '더러움'으로 정의된 것이었다. 그 시절 닭집은 가난의 대명사로 쉽게 받아들여졌고, 가난은 곧 게으름과 불행으로 쉽게 정의되었다. 따라서 가난은 도덕적으로 용납되지 않는 넘지 말아야 할 '더러운' 경계선이었다. 이렇게 닭집 자녀는 불결함의 화신이 되었고, 그것은 그의 몸과 닿은 물건과 사람에게까지 곧바로 전염되었다.[8]

이것과 관련된 또 다른 학생에 대한 경험을 소개하려 한다. 그는 열심히 노력하여 남들이 인정하는 훌륭한 대학에 입학했다. 이후 당당히 자신의 '성적지향'을 학교 동기들에게 밝혔다. 주변 누구도 이것에 대해 비난하는 사람이 없었지만, 그는 왠지 모를 불편함을 감지했다. 항상 익명의 누군가가 자신의 등 뒤에서 손가락질을 하는 듯 느껴지기 시작했다. 그 비난의 손가락은 보이지 않았지만, 그의 몸은 분명 무언가를 느끼게 되었다. 그는 처음에 커밍아웃이란 단어를 쉽게 생각했지만, 결국 자신이 당사자가 되어보니 세상의 무게와 시선을 의식하게 됐고, 큰 짐이 되었다고 했다. '짐.' 심적 부담감을 표현하는 단어일 수 있지만, 이 표현이 단순히 심리적 차원에 머무르는 것이 아님을 사연은 잘 보여준다. 그의 몸은 이제 타인과의 물리적인 접촉(시선 등)을 무의식적으로 피하기 시작했고, 그의 몸에는 보이지 않는 경계선이 따라다녔다. 적어도 그는 그것을 느낄 수 있었다. 달리 표현하면, 그의 머리 위 양동이에 동성애자라는 물이 추가된 셈이다. 그렇다면 그 물은 어디에서 온 것일까.

정신과 의사이자 의료인류학자인 아서 클라인만은 몸에 대한 모든 경험이 '도덕적'이라고 말한다.[9] 오랜 기간 만성통증 환자들을 진료해오며 그가 깨달은 것은 몸의 경험, 특히 아픔과 통증에 대한 개인의 경험은 그 자체로 도덕적이라는 점이다. 왜냐하면 사회적으로 아픔과 통증은 도덕적으로 '옳고 그릇된' 것이 정의되어 있기 때문이다. 이에 의료사회학자 아서 프랭크는 모든 몸의 경험이 도덕적이라면, 결국 그 몸에 대한 모든 선택 역시 도덕적일 수밖에 없다고 강조한다.[10] 그는 치명적인 심장 질환과 암을 치료받은 환자였다. 프랭크는 아픈 사람의 몸 자체는 이미 사회에 특정한 메시지를 던지고 있다고 말한다. 병의 원인에 대한 의심의 눈초리를 비롯해 환자가 된 순간부터 사람들은 그의 몸으로부터 많은 것을 짐작하기 시작했다. 평소 그의 삶이 어떠했는지 여러 평판의 말꼬리가 붙기 시작한 것이었다.

몸의 자세가 곧 문화다

이렇게 보면, 몸은 참 불편한 존재다. 항상 보이는 존재이며, 어떤 선택을 하든 도덕적 판단의 범위에서 벗어나기 어렵다. 그래서 크고 작은 물 양동이를 항상 머리 위에 짊어지고 다녀야만 한다. 언제 오염된 몸으로 낙인찍히고 보이지 않는 경계선 안에 내몰릴지 모를 일이다. 인류학자로 앞으로 다양한 몸을 만나고 또 경험할 테지만, 결국 이러한 고민들은 근본적 질문에 도달하게 만든다. 앞서 머리 위 양동이의 물은 과연 누가 채우는지에 대한 의문처럼 말이다. 그래서일까. 아프고, 낙인찍히고, 추방당한 몸을 다루는 인류학자들은 항상 철학으로부터 많은 지혜를 빌리려 했다. 프랑스 철학자 메를로퐁티(Merleau-Ponty)가 말한 몸의 현상학을 통해 몸과 문화의 관계를 파헤친 토마스 소르다스[11]에서부터 자신의 몸에 대한 인류학적 탐구를 소위 '경험철학'(empirical philosophy)이라 부른 아네마리 몰(Annemarie Mol)[12]에 이르기까지 그 범위도 다양하다(자세한 논의는 다른 장에서 자세히 다룰 것이다). 나 역시 같은 고민 속에 여러 철학자들의 몸 이야기에 귀를 기울였고, 나름의 이해-'몸의 자세가 곧 문화다'-를 이곳에 정리해보려 한다.

우선, 철학자 니체는 『도덕의 계보학』에서 이렇게 말한다. 행동 뒤에 이를 시키는 진짜 '주인(존재)'은 없다고. '행위자'는 행동에 덧붙여진 하나의 픽션에 그칠 뿐이라고. 이는 말하자면 행동이 전부라는 것이다.[13] 물 양동이의 비유로 돌아가면, 머리 위 양동이에 물을 붓는 사람이란 따로 존재하지 않고 몸이 물양동이 그 자체다. 『사람, 장소, 환대』의 저자 김현경도 비슷한 의견을 제시한다. 매일 상황에 맞는 '가면'을 쓰고 생활한다고 여기지만, 그 '가면' 뒤에 숨겨진 진짜 얼굴, 진짜 주인공이란 존재하지 않는다고 말이다. 진짜 얼굴은 타인과의 상호작용 속에서 수치심을 통제하고 '명예'(소위 체면)를 지켜낸 얼굴 표정, 행동 그 자체다.[14] 여기서 물 양동이는 마주하는 타인과의 상호작용인 셈이다. 두 학자 모두 결국 몸의 행동 자체가 지닌 의미에 대해 강조하고 있다. 물론, 여전히 어려운 이야기이긴 마찬가지다.

이렇듯 알 듯 모를 듯한 몸의 가치에 대해 주목한 철학자가 있다. 사회와 문화를 보는 나의 시각은 바로 그에게 많은 빚을 지고 있다. 그가 바로 프랑스 몸 철학자 메를로퐁티다. 내가 몸을 자세로서 이해하기 시작한 것도 그의 '현상적 몸'(phenomenal body)[15]에 대한 설명 때문이다. 어찌 보면 그의 지적은 매우 간단하고 당연한 이야기다. 메를로퐁티는 '객관적 몸'과 다른 '현상적 몸'에 대한 이해가 필요하다고 설명한다. 그는 몸의 공간성을 위치의 공간성이 아닌 상황의 공간성이라 보았다. 즉, 몸이 공간에 단순히 위치하는 것이 아니라 어떠한 상황을 향해 위치 지어진다고 보았고, 그러한 의미에서 객관적 몸이 아닌 현상적 몸이라 불렀다. 이와 관련하여 그는 비유적으로 몸의 공간을 마치 영화 장면이 잘 보이게 하는 데 필요한 "영화관의 어둠"과 같다고 표현했다. 몸은 항상 지향하고 있는 과제와 관계 맺는 몸의 부분에만 초점을 맞추고 나머지는 암막처럼 처리된다고 여긴 것이다. 일련의 행동들은 처한 상황에 맞게 각각의 위치들을 찾아가고, 그 외 신체 부위와 행동들은 어두운 배경일 뿐이다.

앞서 두 명의 학생을 떠올려보자. 짧은 발가락을 지닌 친구는 여름만 되면 무더위에도 벗을 수 없는 작은 발가락 하나에 온몸이 집중하고 주변은 암막처럼 처리된다. 커밍아웃을 한 친구 역시 언제나 몸의 신경은 보이지 않는 등 뒤의 손가락질에 집중되고 다른 감각은 암막 안에 머문다. 이와 관련하여 메를로퐁티는 '운동 지향성'(motor intentionality)이라는 개념을 제시한다. 여기서 '지향성' 개념은 "모든 의식은 무엇에 대한 의식이다"라는 독일의 현상학적 철학자 에드문트 후설의 논의에서 확장된 것이다.[16] 후설이 '의식'의 지향성을 강조한다면, 메를로퐁티는 '신체'의 지향성을 새로이 주창한다. 그는 몸이 마치 세상과 "보이지 않는 끈"으로 연결되어 지향성을 지닌다고 말하며, 몸 자체는 그래서 "살아 있는 의미들의 총체"라 표현한다. 의미는 사회가 문화적으로, 도덕적으로 규정한 가치일 테다. 그 모든 가치들(체면도 포함해서)이 '보이는 몸' 위에서 쉼 없이 교차하며 몸의 상호작용과 얼굴 표정의 움직임을 통해 지켜지는 것이다. 미국 의료인류학자 소르다스가 몸이 "문화의 존재기반"이라고 강조한 이유가 바로 여기에 있다.[17]

그런데 몸이 보이지 않는 끈에 의해 항상 어딘가를 지향하고 있다는 말은 도대체 무슨 의미일까. 메를로퐁티의 설명을 더 들어보자. 그는 몸이 언제나 단순히 정지되어 있다고 보지 않고(실제로 정지된 순간에도) 항상 "어떠한 과업(task)을 향한 자세(posture)"라고 설명한다. 그 말은 곧 우리는 세상 안에 그저 존재하는 것만 아니라 세상을 향해 존재한다는 뜻이다. 이를 "세계에로"(in-and-toward world)라 표현하며, 이때 몸의 자세를 일명 "몸틀"(body schema)이라 부른다.[18] 메를로퐁티는 몸틀을 알기 쉽게 '필체'를 예를 들어 설명한다. 누구나 자신만의 서명 글씨체가 있다. 불법으로 도용하기도 하지만 개인의 필체는 지문과도 같다. 그 틀은 쉽게 변하지 않는다. 또한 메를로퐁티는 그러한 필체의 형성에 영향을 주는 수없이 많은 몸 주변의 끈들에 대해 '촛불'을 예로 든다. 어렸을 적 예뻐 보이는 양초의 불꽃에 손가락을 가져갔다가 화상을 입은 적이 있다면, 그 이후로 그의 몸은 그 불꽃을 기억하고 피할 것이다. 세상은 몸을 당길 수도 있으며, 몸을 멀어지게 만들 수 있다. 모두가 자라는 동안 수없이 많은 크고 작은 불꽃을 경험하며 쉼 없이 각자의 필체를, 몸틀을 형성해 가고 있다.

만일 그 촛불이 특정한 집단 안에서 사회적으로 공유되고 학습되는 것이라 한다면, 그곳에 속한 다수의 몸은 공통된 몸틀을 지닐 것이다. 그리고 서로 상호작용하며 도덕적으로 올바른 몸의 자세를 유지할 것이다. 이런 생각 속에서 나는 다음과 같이 문화에 대한 나름의 정의에 다다랐다. 문화란 곧 누군가의 '몸의 자세를 형성케 하는 그 모든 것들'이라고 말이다. 앞서 자신의 발가락을 찍을 수 없었던 학생과 커밍아웃을 한 후 등을 돌릴 수 없게 된 학생 모두 세상이 요구한 몸틀 속에서 도덕적인 몸의 자세를 지향하고 있다고 볼 수 있다. 그들은 자신의 몸을 생각한 대로 '못' 움직인 게 아니라, 반대로 사회의 정상 기준에 맞춰 몸이 알아서 '잘' 움직인 셈이다.

  이러한 몸에 대한 철학적 탐구와 나름의 정의는 단순히 개인적 의문을 해소하고 싶어서가 아니다. 프롤로그에서 언급했듯, 나는 지하철 속 무거운 몸, 택배 차량 속 멈출 수 없는 몸, 빨간 조끼 속 몸, 이러한 몸들이 우리에게 쏘아주는 소리 없는 반향을 듣고 전달하는 '목소리 인류학자'가 되길 희망한다. 그러기 위해 가장 중요한 것은 그 몸들이 어떠한 보이지 않는 끈과 촛불에 의해 특정한 과업을 지향하고 있는지에 민감해지는 것이다. 메를로퐁티 역시 다음과 같은 큰 화두에 몰두했다. "타인을 나의 논리 안에 희생시키지 않고 이해할 수 있을까?"[19] 그는 이를 위해 자신의 이성적 논리가 아닌 타인의 '몸'이 쏘아주는 메시지에 집중했다. 즉, 말이 아니라 그 몸이 지향하는 곳을 쫓았다. 나 역시 그를 따라서 사람들의 몸이 만들어내는 경로, 마치 오선지 위 악보처럼 그 리듬의 곡선을 따라가며 여기까지 오게 되었다.

  지금까지 몸이란 무엇인지에 대해 몇몇 논의들을 중심으로 살펴보았다. 이제부터는 그 몸이 벗어날 수 없는 현실에 대해 들여다볼 차례다. 시간과 공간에 얽매인 몸이란 어떤 삶을 살고 있고, 또 살아갈 수 있는지 인류학자로서 직접 경험한 것과 여러 인류학자의 지혜에 기대어 살펴볼 것이다.

2. 관계 속의 몸, 집이고 때로는 감옥이 되는

앞서 말한 몸이 자세라는 것은 단순한 은유가 아니다. 자세에는 인사법부터 일상의 몸가짐, 취향, 그리고 당혹스럽고 수치스러운 상황에서의 반응은 물론 폭력 앞에서 내 몸의 대응까지 포함한다. 자세에 대한 관심은 내가 내 몸의 주인이지 못한 이유를 찾는 여정의 길잡이다. 사실 몸은 각종 은유와 상징, 비난과 찬사의 대상이 되지 않던가. 남성성와 여성성, 큰 키와 작은 키, 좋은 몸과 나쁜 몸, 백인과 흑인 등 그 예를 셀 수 없을 만큼 많다. 인류학자 레비스트로스의 표현을 빌리자면, 몸은 상반된 차이를 발견하기가 너무나 쉬운 'Good to think'[1]의 대상이다. 당연하지 않은가. 앞서 말했듯 몸은 그냥 몸이 아닌 '보이는 몸'이다.

더 중요한 이유는 몸이 타인과의 '관계'에 있어 중심에 있기 때문이다. 좋은 몸과 나쁜 몸에 대한 상상은 인간관계 안에서 가치를 얻는다. 사회학자 어빙 고프만(Erving Goffman)이 지적했듯, 사회가 요구하는 적합한 '몸의 관용적 표현'(body idiom)[2]은 공공장소에서의 상호작용에 있어 만유인력의 법칙과도 같다. 거스를 수 없는 것이다. 악수를 건네는 손을 무시하거나, 웃어서는 안되는 장소에서 실소를 하는 모습은 생각만 해도 끔찍하다. 이런 나에게 몸에 대한 가장 인상적인 은유를 꼽으라면 일말의 고민도 없이 '집'이라 말할 것이다. 그것은 평생을 나쁜 몸으로 배척당한 한 사람이 가장 고심한 끝에 생각해낸 은유다. 그는 바로 일라이 클레어다. 장애, 퀴어, 계급, 인종에 대한 모든 폭력적 은유가 뒤얽힌 클레어는 자신의 몸에 대한 가장 적합한 은유로 집을 꼽았다.[3] 왜 몸을 집이라는 공간으로 바라보았을까?

몸이라는 벗어날 수 없는 창살

몸이 집이라면, 과연 어떤 집일까. 이와 관련해 나는 항상 '창살'이 떠오른다. 이것이 아직까지 강렬한 인상으로 남아 있는 것은 그 주인공이 바로 강아지였기 때문이다. 아주 우연히 실험용 강아지 비글에 대한 영상을 본 적이 있다.[4] 해당 영상은 '비글구조 네트워크'에서 동물실험실에서 실험용으로 사용되고 안락사의 위기에 놓인 비글들을 구조해서 데려온 장면이었다. 총 29마리의 비글들은 평생을 살아온 공간인 작은 실험용 케이지에서 그 창살이 외부공간을 향해 열리는 순간을 마주했다.

몇몇 비글은 처음 경험하는 자유에 창살 밖으로 선뜻 쉽게 나서지 못하고 불안한 얼굴로 두리번거리기만 했다. 시간이 지나자 거의 모든 비글들이 자유의 공간으로 뛰쳐나갔지만, 끝내 발끝을 떨며 창살 밖으로 나오지 못한 한 마리의 비글이 있었다. 순간 의문이 들었다. 도대체 무엇이 두려운 것일까. 그들의 얼어붙은 몸의 자세는 누가, 어떻게 만든 것일까. 저렇게 어린 비글에게 얼마나 무거운 물 양동이를 머리 위에 얹어 놓은 것일까. 나는 영상의 후반부에서 비글이 두려워했던 것이 무엇이었는지를 목격할 수 있었다. 그 두려움은 바로 비글의 '몸'에 거주하고 있었다.

영상 후반부에 실험용 비글 29마리가 기본적인 건강상태를 확인받는 장면이 나왔다. 수의사가 검사를 시행하는 장면에서 너무나 가슴 아픈 모습을 목격했다. 모든 강아지들이 수의사가 검진을 시행하는 동안 단 한 번의 미동도 없었다. 그것은 안정도, 여유도 아니었다. 오히려 정반대였다. 초조와 불안, 나아가 고통이 영상 밖으로 오롯이 전달됐다. 신음이라도 새어 나올까 봐 힘껏 다문 입 사이로 침이 끝없이 흘러나왔다. 몸은 움직이지 않을 수 있었지만, 뿜어져 나오는 타액은 의지로 막을 수 없었나. 그렇게 입술 사이로 울음이 터져 나오고 있었다. 실험용 비글로 살아오며 얼마나 많은 고통스러운 실험을 경험했는지 입술 밑으로 길게 늘어진 눈물 줄기를 보며 느낄 수 있었다. 생각해보면 그들 몸 안에 이미 창살이 새겨져 있었다. 실험용 케이지 밖에서 자유롭게 뛰어놀던 비글들도 검사대 위에 올라간 순간 온몸이 단단한 창살처럼 변해버리지 않았던가.

　이 모습을 보며 나는 현실이라는 케이지에 갇힌 사람들의 몸을 떠올렸다. 실험용 비글에겐 구조대가 있었지만, 사람들에게는 어떤 구조대가 있을까. 혹은 구조를 기대하기는커녕 창살(현실) 밖으로 나가는 것을 두려워하며 더 많은 창살로 자신을 가두며 안전을 추구하는 것은 아닐까. 다이애나 왕세자빈의 폭식증 치료로 유명한 영국 심리치료사 수지 오바크의 지적처럼 현대인은 모두 '몸에 갇힌 사람들'[5]일지 모른다. 타인의 시선들이 내 몸 위에 벗어날 수 없는 단단한 사회적 피부를 형성하고 있으니 말이다. 그 기준으로부터 자유로운 사람보다 그것에 얽매이며 더욱 화려한 색채의 피부를 위해 투자하는 사람이 더 많은 듯하다.

　그런데 만일 그 사회적 피부가 미의 기준이 아닌 실험용 비글처럼 아픔에 의해 쌓인 창살이라면 어떠할까. 사람들은 아픔의 무대에 다시 올려졌을 때 과연 창살로 변신하지 않을 수 있을까. 적어도 내가 10년 넘게 인류학자로 목격했던 현실에선 불가능해 보인다. 나는 어느 순간 그 창살을 몇 개의 유형으로 구분할 수 있게 됐다. 아픔의 현장에서 몸은 뚜렷한 창살로 서로를 구분 짓고 있었다.

아픔으로 등급화된 공간

"제목은 어떻게…아프지 않았으면 좋겠습니다…어떨까요?"
박사를 마치고 귀국했을 때 한국 사회의 아픈 몸들이 내는 소리들을 찾아 기록하려 했다. 제목을 정하기 위해 출판사와 논의를 하던 중 나는 '아프지 않았으면 좋겠습니다'라는 제목을 제안했다.[6] 자주 만나지 못했던 가족들과 헤어질 때마다 '아프지 말고'라는 당부하는 마음을 제목에 담고 싶었다. 이러한 당부를 하고 싶었던 이유는 유학 이후 다시금 목격한 한국 사회는 아픔을 정의하고 규정하며 구분 짓는 보이지 않는 창살이 존재했기 때문이었다. 내가 아무리 거부하고 외면하려 해도 나의 눈에 자꾸만 유령처럼 아픔의 창살이 비쳤다. 그렇게 나의 눈에 비친 창살은 몸을 아파야 하는 몸, 아플 수 있는 몸, 아프게 태어난 몸으로 구분 짓는 것 같았다(다음 쪽의 표 참조).

마치 비글처럼 몸이 곧 창살인 듯 느껴진 데에는 세 가지 장면이 있다. 첫 번째가 한국 사회에서 이주노동자의 몸을 바라보는 시선 때문이었다. 그들은 당연히 아파도 되는 몸, 나아가 '아파야 하는 몸'(should)이었다. 2017년 5월 12일 경북에 위치한 대규모 돼지농장에서 20대 네팔 청년 두 명이 돼지

아파야 하는 몸	Should	이주 노동자 차별
아플 수 있는 몸	Chould	'을'의 감정노동
아프게 태어난 몸	Be	장애인에 대한 낙인

아프면 안되는 몸	Should Not	왕, 회장
아플 수 없는 몸	Chould Not	상류층
아프지 않게 태어난 몸	Not	비장애인

아픈 몸의 상반된 세 종류와 그 예시

분뇨 청소를 하던 중 분뇨에서 발생한 황화수소 가스에 중독되어 사망한 사건이 발생했다.[7] 농장 사장은 그 책임을 부주의한 청년들에게 떠넘겼고, 유가족과 사장의 모습을 사진에서 봤을 때 누가 피해자고 가해자인지 구분 짓기 어려울 정도였다. 사장은 다리를 꼰 채 꼿꼿한 자세로 유가족을 쏘아보는 듯했고, 유가족인 친형은 죄인처럼 고개를 숙이고 있었다. 정반대여야 할 몸의 자세가 사진 속에 고스란히 담겨 있었다. 산업재해는 발생해도 실형은 드물고, 최대 2천만 원의 벌금만 물으면 된다. 이주노동자 채용 관련 고용허가제도 최근 2년간 노동자 한 명이 재해로 사망할 경우 겨우 1점 감점에 그친다. 임금체불이 3점인 것에 비해 턱없이 낮다. 해당 사건을 밀착 취재한 기자는 당시 상황을 "사장들의 도덕은 법을 넘어설 이유가 없다"라며

한탄했다.[8]

　미국의 의료인류학자 세스 홈즈는 미국 대규모 농장에서 멕시코 원주민들(트리퀴인[Triqui])의 노동 착취를 고발한 연구를 진행했다. 당시 그는 원주민의 육체적 고통을 그래도 되는 당연한 것으로 치부했던 백인 농장주를 비판하며, 이 같은 현실을 '사회적 고통 당연시하기'(naturalization of social suffering)이라 표현했다.[9] 당시 백인 농장주들은 허리를 굽혀 딸기를 따야만 했던 원주민들이 온몸의 관절통을 호소했음에도, 더 많은 목표량을 강요했다. 그들은 미국의 인종 사다리 가장 밑바닥에 위치한 이들의 고통을 "그들은 허리를 굽혀 일하는 걸 좋아해"(like to work bent over)라며 비웃고 넘어갔다. 그들에게 통증이 마치 자연스럽고 당연한 것처럼 말이다. 원주민의 신체적 특징이 폭력과 조롱, 착취와 횡포의 근거가 된 셈이다.

　그렇다면 안전장비 없이 분뇨 제거에 내몰린 한국의 이주노동자는 어떠할까. 그들 역시 그러한 일을 하며 위험에 노출되어도 되는 당연한 몸이었을까. 고약한 냄새와 통증은 단지 참을 뿐 느끼지 못하는 몸이란 존재하지 않는다. 또한 아프기 위해 태어난 몸이란, 아픔이 당연한 몸이란 존재하지 않는다. 이 당연한 사실이 한국 사회 곳곳에서 여전히 남아 있었다.

　두 번째 아픔의 창살 유형을 목격한 곳은 '을'의 위치에서 감정노동을 감내해야 했던 수많은 한국 노동자들의 몸이었다. 특히, 오랜 기간 연구한 콜센터 여성상담사의 경우 아무리 많은 분들을 만나고 관련된 자료들을 들춰보아도 반복되는 공통된 수치들이 있었다. 강연 기회가 있을 때마다 강조하는 80:50:30:20의 법칙이다. 기본적으로 상담사 중 80%가 입사 이후 새로운 질병을 앓게 되거나, 기존의 질병이 악화된 경험을 지니고 있었다. 구체적으로 50%는 허리, 목디스크 진료 경험이 있고, 30%는 귀 질환, 성대 관련 질환, 방광염, 손목/팔/어깨 통증으로 진료 경험이 있으며, 그리고 20%는 정신과적 질환으로 진료를 받은 적이 있었다.[10] 센터별로, 시기별로 크고 작은 수치의 차이가 있을 뿐 많은 콜센터가 이 법칙을 따르고 있었다.

이와 같은 현실과 함께 감정노동자의 모습을 그린 국가인권위원회의 이미지[11]가 떠올랐다. 콜센터 상담사를 포함해서 모두가 고개를 숙인 채 허리를 구부리고 있었다. 만일 이러한 자세로 장시간 노동을 해야 한다면 감정을 다치는 것은 물론 몸부터 손상이 발생할 것이다. 상담사들은 나에게 이러한 통증들은 너무나 일상적이어서 "일종의 의무죠!"라며 한탄 아닌 한탄을 내비쳤다.[12] 이들에게 이 같은 통증은 공개적으로 호소할 통증이 아니었던 것이다. 의료인류학자 아서 클라인만은 이와 같은 통증을 "적절치 못한 통증"(delegitimated pain)이라 지적한다.[13] 즉, 도덕적으로 올바르지 못한 통증이라는 것이다. 그런데 통증에 강도가 있을지언정 부적절하고, 부도덕한 통증이 있을까. 하지만 사회에는 그러한 통증이 있었다. 통증을 인내하는 것이 도덕인 곳에선 말이다. 그것을 참아내는 것에 임금을 부여하는 노동의 영역에선 더욱 그러하다. 이들이 임금을 받는 한 그들의 몸은 한국 사회에서 '아플 수 있는 몸'(could)으로 소비된다.

이와 관련해서 예를 들어 보겠다. 한 상담사가 문자로 상담을 하던 중 심한 코피가 났다. 휴지로 간신히 코를 틀어막고 고개를 든채 힘들게 상담을 이어가고 있었다. 지나가던 동료가 팀장에게 말해서 코피가 멈추면 돌아오라고 권했다. 하지만 그 상담사는 "여기선 그러면 안돼."라고 답하고 상담을 이어나갔다. 다른 상담사는 토요일 주말 근무를 위해서 출근하던 중 복통이 심해 팀장에게 연락을 취했다. 하지만 팀장은 "징징대지 말고 나와. 오늘 상담원도 얼마 없어서 나와야 한다"고 답했다. 결국 그녀는 출근했다. 또 다른 상담사는 한창 신종플루가 유행할 때 신종플루에 걸려 팀장에게 연락을 했다. 팀장은 "나와서 근무할 수 있겠어?"라며 답했고, 결국 그녀 역시 출근해서 콜을 받았다. 세 경우 조금씩 다른 질병이었지만, 그녀들이 호소한 아픔은 모두 '적절한' 것으로 받아들여지지 않았다. 이러한 사유로 휴식을 요구하는 것은 콜센터 안에서 '옳지 못한' 태도였다. 나는 이러한 사연을 현장에서 계속 전해 듣고 있다. 10년 동안 연구를 했지만, 상담사들은 아파도 그럴 수 있는 몸들로 머물러 있었다.

마지막 아픔의 창살 유형은 바로 장애다. 2017년 9월 5일 잊지 못할 장면을 목격했다. 일군의 어머니들이 무릎을 꿇고 고개를 숙인 자세를 하고 있고, 반대편에서는 격앙된 목소리로 "저거 다 연기야"라고 쏘아붙이고 있었다. 이 어머니들이 지은 죄라면, 장애인 자녀를 특수학교에 보내고 싶다는 것뿐이었다. 그 장면은 특수학교 설립을 위한 대화의 자리였다. 초등학교가 폐교를 하자 해당 지역 교육청은 장애인특수학교 설립을 예고 했지만, 지역 주민들은 이에 강력히 반발했다. 수많은 의견의 충돌이 있었겠지만, 언론에 소개된 내용에는 "장애인이 많으면 동네 분위기가 안 좋아져", "집값이 떨어져선 안 돼"와 같은 납득하기 어려운 비난도 있었다. 장애를 지니고 태어난 몸은 누구의 잘못도, 도덕적 비난의 대상도 아니다. 하지만 아프게 태어난 것만으로 그들은 사회적 시선에 등장해서는 안 되는 몸들이었다. 불결한 몸들이고, 그로 인해 땅값이 떨어질 수 있다는 논리였다. 도대체 어떤 이유로 장애를 지닌 몸들은 집 밖으로 나오면 안 되는 존재인가. 미국의 의료인류학자 로버트 머피는 다음과 같이 그 이유를 설명한다.[14]

"어떤 사람이 사회에 완전히 참여하는 데 있어 가장 큰 장애물은 그의 신체적 결함이 아니라, 오히려 사회가 그러한 결함에 덧붙인 일련의 신화, 두려움, 오해들이다."

"모든 차별과 편견에는 얼마간의 단순하고 근거 없는 비열함이 존재한다. 편협하고 완고한 신앙은 경계를 가리지 않는다."

머피는 그 자신이 52세의 나이에 척수종양으로 한순간 휠체어에 의지하며 살아야 하는 장애인이 되었다. 이후 그는 이전에 볼 수 없었던 장애에 대한 미국 사회의 온갖 낙인과 마주쳐야만 했고, 그것은 어떠한 근거도 없는 편협하고 완고한 신화적 믿음 같은 것이었다. 그렇게 아프게 태어난 몸은 사회에서 '침묵하는 몸'이어야만 했다.

몸은 이렇게 마치 집과 같다. 보이지 않는 창살로 개인을 가두는 감옥처럼 말이다. 그 창살의 유형이 다를 뿐 모두 자신만의 몸을 거주해야 할 집처럼 살고 있었다. 이것이 단순한 은유에 그친다면 언제든 바뀔 수 있겠지만, 머피의 지적처럼 이 은유는 편협하고 완고한 신앙처럼 사회에서 강력한 힘을 발휘한다. 물론 이러한 창살은 특정한 부류의 사람들에게 더욱 강력히 작동하며, 정반대에 위치한 사람들도 있다. 옛 시절 왕이나, 오늘날 대기업 총수처럼 절대로 아파선 안 되는 몸들(Should Not)이 있을 것이다. 그들은 어떤 수단과 방법을 동원해서도 항상 건강한 상태가 유지되어야만 한다. 또한 상류층처럼 아플 수 없는 몸들(Could Not) 있다. 힘든 일에서 벗어나 건강을 유지할 수 있는 최적의 상황을 추구하며 스스로를 지키는 사람들이다. 그리고 비장애인으로 아프지 않게 태어난 몸들(Not)이 있다. 내가 이렇게 상반된 세 분류의 사람들을 상상해 내는 데에는 오랜 시간이 걸리지 않았다. 그럴 수밖에 없는 이유는 이것이 단순한 상상 혹은 은유가 아니라 주변에서 너무나 쉽게 그

예시를 찾을 수 있기 때문이다. 머피의 표현처럼, 그러한 일상이 이제는 너무 오래된 이야기로 하나의 신화처럼 굳어진 것은 아닐까.

집이면서 극복할 수 없는 산이었던 몸

치통을 겪어본 적이 있는가. 치통을 앓는 순간 온 신경이 아픈 치아 하나로 쏠리게 된다. 주변의 모든 상황은 일시 정지되고 치아가 곧 나의 온몸, 온 세상이 되어버린다. 아픔이란 "몸 하나만 남게 되는 세계의 수축"과도 같은 경험이다.[15] 그래서일까. 몸을 개인이 거주하는 공간인 집으로 즉각 이해할 수 있을 때는 바로 몸이 아플 때일 것이다. 앞서 나는 한국 사회를 목격하며 여러 아픔의 유형에 따라 그 몸들을 구분지어 보았다. 하지만 이는 매우 단순한 분류에 그친다. 나에게 몸을 왜 집으로 상상해야 하는지, 그리고 그 집이 창살로 닫혀 있는 것이 아니라 수없이 많은 모욕적인 사건들이 출입하고 축적되는 공간임을 깨닫게 해준 이가 있다.

내가 노동이라는 하나의 색채로 몸을 묘사하고 분류했다면, 일라이 클레어는 『망명과 자긍심』에서 생애 전체에 걸쳐 자신의 몸에 교차된 수많은 시선들을 통해 채색된 집을 소개한다. 선천적인 뇌병변 장애인으로, 아버지에 의한 성폭력 피해자로,

여성의 몸으로 태어났지만 성소수자로서 살아오며 한 개인이 경험하기에는 너무나 많은 아픔들을 겪으며 살아왔다. 그는 마치 "젠더도 없고 무성적인, 욕망할 만하지 않은 존재"로 살아왔고, 그러한 경험은 그의 몸 깊숙이 파고들었다.[16] 그런 그가 고심 끝에 몸을 '집'으로 상상하기를 주장한다.

> "집은 오히려 여기 내 몸 안에서, 내 피부 아래 깊숙이 박혀 있는 모든 것들에서 시작한다."

> "집으로서의 몸. 하지만 몸이 결코 단일하지 않다는 것이 이해될 때에만, 수많은 다른 몸들이 내 몸을 따라다니고 강조하고 내 몸에 힘을 보탠다는 것이 이해될 때에만, 몸은 집일 수 있다."

> "집으로서의 몸. 하지만 몸은 장소와 공동체 그리고 문화가 우리의 뼛속 깊이 파고들어 있다는 것이 이해될 때에만 집일 수 있다."[17]

클레어의 시적 은유는 그의 삶을 봤을 때 단순한 은유가 아님을 알 수 있다. 친족 내 폭력, 친구 관계 속 폭력, 익명의 폭력, 그리고 남들과 뚜렷하게 차이 나는 신체적 한계, 성적 취향에 대한 혼란 등 그 어디 하나 안전지대기 없어 보인다. 그래서일까. 그의 글에는 유난히 '피부 아래 깊숙이 박혀', '뼛속 깊이 파고들어'와 같은 묘사들이 담겨 있다. 그에게 있어 집은 친족 폭력으로부터 벗어나고 싶은, '망명'하고 싶은 공간이자, 유년기를 빼앗긴 공간이기도 하다. 그 모든 기억은 물리적으로 그 공간을 벗어났다 하더라도 자신의 몸에 고스란히 새겨져 있었다. 어딜 가든 자신의 몸은 그대로였다. 그곳엔 수많은 고통의 발자국들이 켜켜이 쌓여 있었다. 실험용 비글 강아지는 적어도 창살로 막힌 집에서 잠시라도 쉴 틈이 있었건만, 클레어에게 집과 몸은 한순간도 이를 허락하지 않았다. 오히려 그의 몸(집)은 그 자신만 빠져나갈 수 없을 뿐 수없이 많은 침입자들이 드나드는 열린 감옥이었다.

  클레어도 한때 자신의 장애를 극복하고 높은 산의 정상에 도달하려 시도했던 적이 있었다. 남들이 정상성이라 부르는 환상의 끝, 계급 사다리의 끝에 오르기 위한 다짐으로서 도전한 것이었다. 일명 '슈퍼 장애인'이 되고자 실제로 불가능해 보이는 산의 정상 등반을 시도했다. 하지만 신체의 한계는 결국 그의 발목을 잡았고 실패로 끝이 났다. 정말로 그의 몸은 홀로 극복할 수 없는 '산'과 같았다. 탈옥이 불가능한 거대한 창살처럼 말이다.[18] 성인이 된 이후 작가이자 운동가로 어느 정도 이름이 알려졌을 땐 '진짜 장애인'이라 할 만큼 충분히 아픈 몸인지 자신을 의심하고, 행여 사기꾼은 아닌지 스스로를 비난한 적도 있다고 한다. 클레어는 이러한 감정이 수치심, 침묵, 고립이 자신에게 남긴 유산이며, "내면화된 억압" 때문이라 지적한다.[19] 뼛속까지 파고든 과거의 유산들 때문에 스스로를 억압하고 있다니 얼마나 뼈아픈 일인가. 그가 왜 그토록 몸을 집이라는 이미지로 떠올리는지 이해가 된다.

서로가 서로에게 자긍심이 되어 준다면

어릴 적 클레어의 취미는 여러 색깔과 무늬의 돌을 수집하는 것이었다. 주머니에 넣은 돌은 체온으로 따뜻하게 데워졌다. 하지만 온갖 낙인과 수치가 가슴 속에 쌓아 올린 회색 돌들은 결코 자신의 체온만큼 데워지지 않았었다고 회상한다. 그는 바로 그 '달그락거리는 돌들'이 자신의 진짜 몸이라 생각했다. 모든 경험이 그의 몸을 집이라는 공간으로 상상[20]하게끔 이끄는 듯 싶다. 내가 클레어의 책을 손에서 뗄 수 없었던 이유는 그의 삶이 고통으로 점철되어 있어서도, 또 그것을 극복한 슈퍼장애인이어서도 아니다. 가장 중요한 이유는 그의 시적인 표현 속에 내가 몸에 대해 지니고 있었던 생각과 의문들에 대한 답이 너무나 구체적인 언어로 들어 있었기 때문이다.

"나는 떨리는 내 손으로 돌을 품어 올리고 싶다―뇌병변으로 인해 떨리고, 욕망으로 떨리고, 마지막으로 남아 있는 공포로 떨리고, 이게 내 몸이 움직이는 방식이기 때문에 떨리는 이 손으로, 그리고 내 체온으로 부드럽게 돌을 데워주고 싶다."[21]

대표적인 예로 위의 문장을 보면 그의 손(몸)은 항상 떨리는 자세를 취하고 있다. 이러한 자세를 만들게 하는 보이지 않는 손은 뇌병변, 욕망, 공포였다. 신체적 장애에 구속되고, 과거의 공포스러운 기억들에 얽매이지만, 그럼에도 새로운 관계에 대한 욕망으로 손은 떨림을 멈추지 않는다. 그렇게 그의 떨리는 몸을 이끄는 것은 바로 정동(情動, affect)이었다. 풀어서 이야기하면, 본능적인 감정의 흐름, 배경 정서, 사회적 정서, 그리고 왠지 모를 느낌까지 이 모든 것을 포함한 몸의 능력이 곧 떨림의 원천이었다. 어떤 땐 과거의 공포스런 기억이 몸을 휩쓸고, 어떤 땐 누군가를 향한 본능적인 욕망이 몸을 이끌기도 했다. 그 모든 것들이 클레어의 떨리는 손이 무언가를 향하게 만드는 것이었다. 클레어는 몸이 차가운 돌로만 채워지는 수동적 공간에 그치는 것이 아니라 욕망한 것을 위해 따뜻한 몸의 체온으로 무언가를 데울 수 있는 공간이라는 것을 자신이 살아온 삶의 역사를 통해 입증해 보였다.[22]

여전히 다음과 같은 의문을 제기할 수도 있다. 몸이 자세이든, 집이든, 산 혹은 돌이든지 간에 그것들은 모두 시적, 철학적, 인문학적 사유일 뿐이라고 말이다. 하지만 클레어가 보여주었듯, 그리고 내가 한국 사회의 세 가지 종류의 아픔을 통해 설명했듯, 나아가 실험용 비글 강아지들이 검사대 위에서 몸소 보여주었듯 이것은 모두 '역사적' 증언들이다. 그 몸들의 역사는 그러한 은유가 슬픔과 고통으로 끝나지 않고 누군가를 따뜻하게 만들 수 있는 기쁨의 원천이 될 수 있음 또한 보여준다. 클레어는 이를 위해 자긍심(pride)이 필요하다 강조한다. 만일 자긍심이 없다면, 모든 아픔과 장애는 수치심이라는 강력한 정동 속에 휘말려 뼛속 깊이 차가운 회색빛 돌처럼 굳어버릴 수 있다고 말한다.[23] 자긍심은 과거를 폭로하며 분노하는 증언과 차별된다. 폭력의 역사 앞에 분노하고 이를 증언하는 것은 당연히 가치 있는 일이다. 하지만 클레어는 그것만으로는 '내면화된 억압'을 극복하는 데 한계가 있음을 지적한다. 폭력의 기억이 강할수록, 그리고 현재에도 지속되고 있을수록 자긍심이 필요하다고 역설한다.

몸이라는 공간에는 온갖 부정적 감정, 정서, 느낌이 밀려오고 축적될 수 있다. 그렇지만 그러한 돌덩이 같은 몸도 무언가를 따뜻하게 만들 수 있는 체온이 존재한다. 무엇을 지향하는 몸이라 할지라도 이러한 집으로서의 몸에 대한 믿음, 자긍심이야말로 아픔이 창살처럼 우뚝 솟아 있는 현실에서 가장 중요한 변화의 출발점일 수 있다. 몸에 집이 거주하고 있다는 사실은 일종의 제약이자 동시에 가능성과도 같은 것이다.

얼마 전 영화 〈가디언즈 오브 갤럭시: volume 3〉(2023년)을 통해 실험용 비글과 같은 운명을 타고 난 실험용 동물들을 보았다. 그들은 신인류를 창조한다는 명분으로 온갖 기계와 결합한 사이보그였다. 영화에서 괴물처럼 비춰지던 이들은 시궁창 같은 창살 감옥 안에서 자신들만의 꿈을 꾸었다. 바로 하늘을 나는 꿈이었다. 그들의 몸이 처한 현실을 고려할 때 터무니 없는 꿈이었다. 그런데 어떻게 하늘을 상상할 수 있었을까. 처한 상황이 희망적이어서? 혹은 그것을 실현할 힘이 있어서? 아니었다. 그들에겐 창살 안에서 '함께 의지할 친구'가 있었기 때문이다. 같은 곳을 지향할 수 있었기에 꿈을 꿀 용기가 생긴 것이다. 비록 창살 안이었지만, "친구가 있어 참 좋다"라며 고백한 순간 영화 속 철창 감옥은 하늘로 바뀌어 버렸다. 비록 상상이었지만 말이다. 클레어의 표현을 빌리자면, 내세울 것 하나 없는 실험용 동물인 그들에게 서로가 서로의 자긍심이 되어주고 있었다. 정말로 그들 모두 따뜻한 체온을 지닌 복수의 클레어였다.

3 문화적 시간이 흐르는 몸, 드라마가 되다

"자, 새해가 되었으니 내 몸 혁명 프로젝트를 시작합시다!"
늘어난 허리 뱃살. 눈 밑에 선명한 다크서클. 많은 사람들이 거울 앞에 비친 자신의 모습을 보며 새해 1월 1일 새로운 몸의 혁명 프로젝트를 시작한다. 연말에 잦은 술 약속으로 축난 몸을 추스르고, 이참에 규칙적 운동과 식단관리로 몸을 챙기려 한다. 나라고 예외는 아니다. 책장에 차곡히 쌓여 있는 다이어리에는 못다 핀 1월의 다짐들이 빼곡히 적혀 있다. 새해 첫 달뿐일까. 여름방학과 겨울방학, 휴가철, 매달 첫날, 주말, 월요일, 점심시간, 퇴근 후, 미라클 모닝에 이르기까지 새로운 삶을 다짐하는 전환기는 끊임없이 되돌아온다.

이렇게 우리에게는 사회가 만들어 놓은 '주기'가 있다. 그 주기는 1년에서, 1시간까지 다양한 규모로 우리의 주변에 존재하며, 삶의 계획은 그 주기와 동기화되어 있다. 매일 똑같은 하루 같지만, 사회는 그 시간에 의미를 부여해 왔다. 나는 이를 '문화적 시간'이라 부르곤 한다. 여기에는 단순히 달력처럼 주기만을 정한 것과 역사적·상징적 의미가 부여된 것이 있다. 설날과 추석, 삼일절과 개천절 등 국가가 정한 시간이 있고, 입학식과 졸업식, 결혼식과 장례식, 돌잔치와 환갑 및 칠순 잔치 등 사회가 만든 시간도 있다. 그리고 회사가 만든 시무식과 송년회도 있고, 개인이 만든 자신만의 때도 있다. 물론 각종 계절에 따른 장마철, 가뭄, 폭염, 폭설 기간 등 자연이 만든 시간도 있다.

상식적으로 몸에는 두 가지 시간이 흐르는데 우선, 나이 듦과 같은 자연적 시간이 흐른다. 다음으로 앞서 이야기한 문화적 시간이 흐른다. 어떤 사회에 속해 있고, 특정한 문화를 공유함에 따라 지향해야만 하는 몸의 순서, 혹은 삶의 과업이 존재한다. 즉, 통과의례라는 사회적 시간표가 있다. 따라서 몸에는 문화적 시간이 흐른다.

결혼 '적령기'처럼 문화적으로 올바른 '때'가 항상 몸에는 존재한다. 사회에 속한 몸은 지속적으로 이와 같은 문화적 시간을 '통과'해야만 하고 그 과정에서 반드시 어떠한 상징적 조건을 충족시켜야만 한다. 가장 대표적인 예가 입학식과 졸업식일 것이다. 특정한 나이가 되면 이 의례를 반드시 통과해야만 하고 그 과정에는 특수한 의복과 의식이 정해져 있다. 이러한 사실을 가장 먼저 강조한 학자가 그 유명한 책 『통과의례』를 쓴 프랑스 민속학자 아놀드 반 겐넵(Arnold Van Gennep)이다.[1] 벨기에 태생이었던 반 겐넵은 무려 18개 이상의 언어(프랑스어, 네덜란드어, 독일어, 영어, 스페인어, 포르투갈어, 이탈리아어, 아랍어, 라틴어, 게르만어, 슬라브어 등)에 능통했고, 이 어학 능력을 바탕으로 방대한 민속자료들을 직접 해석하고 비교분석할 수 있었다.[2] 이러한 비교문화연구를 통해 그는 인간이 출생과 죽음, 결혼과 출산이라는 운명으로부터 각종 갈등과 혼란을 막기 위해 '성스러운' 의례가 반드시 존재했고, 그것은 모든 인류 문명의 공통된 특징이라 강조했다.

여기까지 들으면 너무나 당연한 이야기라 생각할지 모른다. 심지어 통과의례라는 말도 한국 사회에서 아주 오랫동안 존재했던 일상적인 표현으로 대수롭지 않게 생각할 수도 있을 것이다. 그런데 반 겐넵의 뛰어난 점은 어느 사회에서나 관찰되는 이 같은 의례의 존재를 소개했다는 사실이 아니라, 그 의례의 핵심이 '통과'(passage)라는 사실을 강조했다는 점이다.

그전까지는 각종 의례의 내용과 독특한 형식에 집중했다면, 그는 그 모든 의례에 공통적인 '순서'가 존재하며, 그 순서를 절대로 거치지 않을 수 없다고 단언한다. 그 순서란 [분리→전이→통합]이다.[3] 그는 이것을 "근본적인 배열"이라 설명한다.[4] 특히 일상생활과 분리된 과도기적인 '전이'(transition) 단계는 "인간이 존재한다는 사실 자체에 벌써 내재되어 있는 것"이라 강조한다.[5] 쉽게 설명하면 다음과 같다. 출생, 사춘기, 결혼, 부모가 되는 것, 상층 계급으로 이동, 직업적 전문화, 죽음 등과 같은 일련의 사회적 사건들은 대다수의 삶에서 반드시 겪어야만 한다. 바로 그 변화의 순간마다 문화가 상징적으로 형성해 온 전이 단계를 꼭 거쳐야 한다는 것이다. 반 겐넵은 심지어 삶의 중추적 사실(central 'fact of life')*이 바로 '전이'라고까지 강조했다.6 전이는 일종의 과도기다.

생각해보면, 삶은 정말로 크고 작은 과도기들의 연속이다. 세상이 크고 작은 사건과 사고들로 떠들썩해도 대다수 개인은 자신의 일상에서 끊임없이 밀려오는 이 과도기적인 이행 단계를 어떻게 받아들이고, 어떠한 의미를 부여하며, 무엇을 할 것인지, 그리고 이것을 제대로 이행하지 못했을 때 어떤 불이익을 감내해야 하는지 고민하며 적절히 대처해 나가야 한다. 어찌 보면, 철저한 능력주의 시대인 지금이 반 겐넵의 주장이 가장 중요한 시기일지 모른다. 정체하면 도태되고, 끊임없이 자기개발을 종용당하는 현실이지 않는가.

---

* 반 겐넵이 'central fact of life'라는 표현을 사용한 것은 다분히 동시대 최고의 석학으로 불리던 프랑스 사회학자 에밀 뒤르켐의 '사회적 사실'(social fact)에 대한 비판적 관점을 드러내기 위함이었다. 뒤르켐은 개개인의 삶과 분리된 '사회'라고 하는 객관적 사실이 존재한다고 보았고, 이를 포착하고 해석하는 것이 사회학자의 역할로 여겼다. 반면, 반 겐넵은 개개인의 삶에서 관찰되는 세밀한 변화에 주목하고, 과정으로서의 인간 삶에 주목했다. 그는 그 과정의 핵심이 바로 모든 문화권에서 유사한 패턴으로 반복되고 있는(주기성) 통과의례, 특히 '전이'라고 보았다; Thomassen, 앞의 책. 57~59쪽.

수없이 많은 시간의 문턱들

과도기와 관련해서 어렸을 적부터 큰 의문이 있었다. 그것은 왜 만 19세가 성인의 기준일까, 하는 것이었다. 도대체 하룻밤 자고 나면 전날까지 없던 성인의 특성이 갑자기 생겨난단 말인가. 어린 시절 아무도 그 이유를 답해주지 않아 불만이었다. 나이의 경계선이란 도대체 누가 왜 어떻게 만들었는지 도무지 납득이 되질 않았다. 반 겐넵이 발견한 것이 바로 이 경계선의 존재였으며, 그 경계선을 통과하는 순간 발생하는 상징적 능력의 가치였다.

그런데 그 경계선이란 무엇일까. 반 겐넵은 의례가 진행되는 전이 단계의 시작과 끝, 분리와 통합의 순간 많은 문화권에서 특정한 '문턱' 혹은 '문지방'과 같은 물리적 경계선을 통과한다는 것을 목격했다. 그리고 그 경계선은 보통 물이나 피, 향과 같은 것으로 씻겨지고 정화되었다.[7] 그렇게 보이는 경계선을 통과하는 순간 문화적 시간은 비로소 시작된다. 우리가 결혼식장과 같은 특수한 공간의 문턱을 넘는 순간 결혼이라는 의례가 진행되는 것처럼 말이다.

반 겐넵은 이러한 경계선을 가리켜 문턱을 의미하는 라틴어 'limen'이라 불렀으며, 전이가 이루어지는 과도기를 '리미널리티(liminality)'라 불렀다. 이렇게 물리적인 경계선의 의미를 확장시켜 시간 구획의 표식으로까지 활용한 것이다. 이런 반 겐넵의 사유가 학문의 영역에서 제대로 조명받은 것은 영국의 인류학자 빅터 터너(Victor Turner)에 의해서였다. 터너는 기본적으로 삶의 창조적 가능성에 대해 주목했고, 삶을 다양한 전이 단계를 통한 변화의 '과정'으로서 바라본 반 겐넵의 주장에 자연스럽게 이끌리게 되었다. 수십 년간 학문적으로 제대로 인정받지 못했던 반 겐넵의 리미널리티 논의는 터너에 의해 재조명될 수 있었다. 터너는 반 겐넵의 의례의 과정에 대한 개념을 다양한 사회적 현상에 활용할 수 있는 계기를 마련하였다. 하지만 반 겐넵이 기본적으로 이러한 리미널리티의 시간이 사회 전체를 유지하고 통합한다는 전통적인 '기능주의적' 시각을 지니고 있었다면,[8] 터너는 의례의 과정을 통한 개인과 집단의 보다 역동적인 '변증법적' 변화의 가능성에 주목했다.* 터너는 특히 몸에 흐르는 문화적 시간의 의미를 확장시켜서 결국 몸이 그려내는 인간의 삶이 그 자체로 드라마와 유사하다(나아가 드라마일 수밖에 없다)는 주장에 다다른다(이 글의 결말에서 그 드라마적 몸에 대해 소개할 것이다).[9]

생각해보면, 리미널리티의 경우 반 겐넵이 제시한 통과의례

---

* 터너는 반 건넵의 통과의례 논의를 확장시켜서 독창적인 논의로 발전시켰다. 그는 의례 과정 중 전이 상태에서 의례의 참가자들이 일상의 '구조' 속에서 가졌던 신분/구분/지위 등이 사라진 '반구조'의 공동체(일명 코뮤니타스)를 형성한다고 보았다. 이러한 과정을 통해 참가자들이 구조와 반구조의 상태를 연속적으로 경험하는 변증법적 과정이 새로운 상태와 지위를 창조해 낸다고 보았다; 빅터 터너(박근원 옮김), 『의례의 과정』(한국심리치료연구소 2005); 캐서린 벨, 앞의 책, 91~97쪽.

이외에도 너무나 많은 종류가 삶에 존재한다. 반 겐넵과 터너의 리미널리티 연구자로 알려진 덴마트 인류학자 비에른 토마센(Bjørn Thomassen)은 그 주체가 누구냐에 따라(개인, 집단, 사회), 그리고 시간의 범위가 어느 정도냐에 따라(순간, 기간, 일생 혹은 시대) 정말로 다양한 리미널리티가 존재할 수 있음을 소개한다(다음 쪽의 표 참고).[10] 단적인 예로, 최근 전세계를 휩쓸었던 코로나19 팬데믹의 경우도 사회 전체가 겪었던 일종의 리미널리티라 볼 수 있다. 토마센은 개인의 장애와 사회적 약자의 삶 자체도 리미널리티 차원에서 설명한다. 즉, 사회적으로 외면당하는 사람들의 경우 일상에서 분리된 채 끝없는 과도기 상태에 내몰려 있는 것과 같다. 일반적으로 질병을 앓고 있는 환자는 일상에서 분리되어 질병과 함께 전이의 시간을 보내고 완치된 순간 환대 속에 일상으로 복귀한다. 그런데 토마센의 지적처럼 영구적 장애와 같은 특정한 몸의 아픔 혹은 조건은 영원히 정상적 삶의 궤도로 복귀할 수가 없다. 나아가 토마센은 우리가 근대성이라 부르는 자본주의 및 과학기술문명 시대 역시 그 변혁의 시간이 여전히 끝나지 않은 리미널리티는 아닌지 의문을 제시한다.

토마센은 인간이 가진 문화적 시간의 다양한 경계선을 상상케 한다. 여기서 반 겐넵이 이야기한 물리적 공간의 경계선까지 함께 고려한다면 경계선은 3차원으로 확장된다. 예를 들면, 이주민의 경우 고국의 국경을 벗어나는 순간부터 리미널리티

시간		주체	
	개인	집단	사회
순간	죽음, 이혼 질병, 세례	성인식, 졸업식	자연재해, 침략, 팬데믹
기간	사춘기	집단 여행	전쟁, 혁명기
일생 (시대)	출가 장애	소수종족, 사회적 약자, 이주민, 천민, 성직자 트렌스젠더	장기화된 전쟁 근대성

의 상태, 즉 경계적 인간으로서 살아간다. 그리고 귀국을 하는 순간 전이의 시간은 끝나고 기존의 일상으로 통합된다. 나아가 누군가에게는 몸이라는 개인적 공간조차도 경계선의 영역이 될 수 있다. 안전한 공간이었던 곳도 특정한 피부색, 성별, 장애, 문신, 전염병 등을 소유한 몸이 그곳에 등장할 경우 한순간에 접근해서는 안되는 오염지역이 되어 버릴 수 있다. 그 몸들이 떠나기 전까지는 말이다. 물론, 반대의 경우도 있을 수 있다. 아무리 오염된 공간도 누군가 성스러운 인물이 등장했을 때 전혀 다른 상징적 의미의 공간으로 일순간 변화될 수 있다.

문화적 시공간을 넘어선 첫 번째 몸_장애

몸을 자세로서, 공간(집)으로서 상상했던 나에게 반 겐넵과 터너의 리미널리티 논의는 시간 속 몸에 대해 다양한 상상의 계기를 제공해주었다. 하지만 대부분의 사람들은 물리적 시간의 흐름에 쫓기며 끝없이 시간을 확인하며 살면서도, 문화가 만든 상징적 시간을 통과하고 있다는 것을 일상에서 자각하기 어려울 뿐만 아니라 이러한 관점으로 삶을 이해하는 경험이 부족하다. 이건 나 역시 마찬가지였다. 그러다 그 시야는 몸이 그동안 익숙했던 일상의 문화적 시공간을 벗어날 때 비로소 명료해진다.

이런 측면에서 나에겐 삶에서 몸이 어떻게 그토록 창의적이고 상징적인 변화의 핵심이 될 수 있는지를 깨닫게 해준 세 장면 속 몸들이 있다. 어찌보면 지금까지 시간과 공간으로서의 몸을 살펴본 이유도 바로 이 세 개의 몸을 온전히 이해하기 위해서였는지도 모른다.

나는 이 세 개의 사례들을 넓은 의미에서 '탈문화적 시공간' 속 몸이라 생각한다. 기존의 익숙한 문화적 시공간을 갑작스레 혹은 의도적으로 이탈할 경우 새로운 시공간의 궤도를 형성하고 그렇게 시작된 전이의 상태는 우리가 상상하지 못했던 몸의 경험과 변화를 제공한다. 각각의 사례는 차별되는 지점들이 존재했고, 나는 이를 다음과 같이 구분지었다. 첫째, 사고적(accidental) 시공간 속 몸, 둘째, 사건적(episodic) 시공간 속 몸, 셋째, 사고를 사건으로 만드는 몸이다. 풀어서 얘기해보면, 인생에서 발생한 사고로 인해 새로운 시공간 속 몸을 살아가는 경우, 스스로 준비한 나름의 사건을 계기로 전이를 경험하는 경우, 그리고 사고로 발생한 시공간의 변화를 사건의 힘으로 변혁시키는 경우이다.

우선, 첫 번째 사고적 시공간 속 몸은 말 그대로 사고에 의해 완전히 다른 시공간 속에 영원히 거주하게 된 경우다. 그 사고는 이러했다. 52세의 한 백인 남성은 인생 최대의 사고와 마주했다. 척수종양으로 인해 평생을 걷지 못한다는 소식이었다. 그는 유명 대학의 인류학 교수였으며 이미 사회적으로 신망받는 위치에 올라와 있었다. 그런데 한 순간에 휠체어에 의지하며 살아야 하는 장애인이 된 것이다. 질병과 수술로 손상된 그의 몸은 이전과는 전혀 다른 삶을 마주했다. 신체적 손상은 그의 전반적 인격의 장애로까지 '확장'되었다.[11] 마치 보이지 않는 투명인간이 되어버린 것이다. 대표적 예로, 어느 날 그는 동료 세 명과 함께 한국 식당을 방문했다. 웨이터는 자신을 제외한 일행들에게만 메뉴판을 건넸다. 그는 웨이터에게 '나 역시 글을 읽을 줄 안다'라며 메뉴판을 요구했다. 두 달 후 다시 같은 식당을 방문했을 때 여전히 그에겐 메뉴판을 주지 않았다. 그의 신체적 한계는 지적능력의 한계로 쉽게 오해되고 확장된 것이었다.

또 다른 사례로, 그가 어느날 친구들이 자신을 과거형으로 이야기한다는 것을 알게 됐다. "정말 애석하다. 그는 참 좋은 사람이었는데."라고 말이다. 그는 신체적으로는 아직 생존해 있었지만, 사회적 존재로서는 이미 과거의 인물로서 죽은 것처럼 취급된 것이다.[12] 반대로 이전과 달리 신기한 경험을 하게 되었다. 그전까지는 자신의 지위(교수), 인종(백인), 성별(남성) 등에 의해 쉽게 관계를 맺지 못했던 '더 낮은' 사회적 지위의 사람들과 너무나 쉽게 거리낌 없이 친해지게 된 것이다. 학생, 흑인, 여성 등 모두가 자신을 위험하거나 권위적인 사람으로 바라보지 않고 거부감 없이 다가오고 심지어 위로의 말을 전하는 것이었다.[13]

이 사례 속 교수는 바로 컬럼비아 대학 인류학 교수인 로버트 머피(Robert Murphy)였다. 그는 자신의 경험을 통해 장애를 통과의례에서 말하는 '리미널리티', 즉 경계성과 밀접히 관련된 것으로 이해하게 되었다. 그는 자신과 같은 장애인들의 '경계적 상태'란 "공식적인 사회 체계의 외부에 정지된 채 남아 있게 되는 일종의 사회적 림보"라고 보았다. 빅터 터너의 유명한 표현처럼 "이도 저도 아닌"(betwixt and between) 존재로서, 사회의 외부에 있는 것도 또 내부에 있는 것도 아닌, 아픈 것도 건강한 것도 아닌, 죽은 것도 완전히 살아 있는 것도 아닌 존재였다.[14] 그는 영원한 과도기적 존재, 비장애인으로 돌아갈 수 없는 존재인 셈이었다. 머피는 터너의 리미널리티 사유를 확장시켜서 경계선이 단순히 특정한 시간과 공간을 넘어 특정 존재에게도 상징적으로 형성될 수 있음을 몸소 경험한 것이다. 앞서 토마센이 개인의 일생에 걸친 리미널리티로 장애를 예로 든 것처럼 말이다. 그렇지만 머피는 이러한 경험을 부정적으로만 해석하지 않았다. 그는 이 경계적 존재로서의 위치가 갖는 의의를 다음과 같이 바라볼 수 있게 되었다.

"우리가 공유하고 있는 장애인으로서의 정체성은 연령, 학력, 직업이 갖는 전통적 위계들보다 우선하며, 많은 성역할의 장벽들 또한 무화시킨다…경계적 사람들(liminal people)로서, 장애인들은 사회적 구별짓기에 의해 분리되지 않은 전인적 개인(whole individuals)으로 서로와 마주한다."[15]

머피는 일순간의 (질병에 의한) 사고로 몸의 일부를 잃었다. 그렇게 기존에 자신이 머물러 있던 익숙한 문화적 시공간에서 '이탈'하였고, 전혀 경험해보지 못했던 '탈문화적 시공간'에 머물러 있어야 했다. 바로 그 경계선 안에서 그는 그동안 느껴보지 못했던 전인적 인간으로서 서로를 마주한다는 것이 어떠한 것인지 알게 된 것이었다. 그는 신체적 손상으로 영구적 장애를 얻게 되었지만, 반대로 사회가 쌓아 올린 문화적 시공간이란 경계선 위에 올라가 세상을 새롭게 바라볼 수 있는 새로운 인격체가 되었다.

문화적 시공간을 넘어선 두 번째 몸_퀴어

이 같은 머피의 깨달음은 나에게도 세상을 다른 궤도로서 바라볼 수 있는 시야를 열어주었다. 그리고 두 번째로 탈문화적 시공간을 시도한 이들과 마주하게 되었다. 그들은 바로 〈파리는 불타고 있다(Paris is burning)〉(1990년, 제니 리빙스턴 감독)이라는 다큐멘터리 영화의 주인공들인 흑인 및 라틴계 남성 동성애자와 트렌스젠더였다.

영화는 80년대 뉴욕 할렘가에 성행했던 '볼(Ball)'이라 불리는 무도회장을 무대로 인종적, 계급적, 성정체성 및 성지향성 측면에서 사회로부터 배제당한 자들이 모여 시행하는 다양한 경쟁 부분(일명 '카테고리')에 대해 다룬다. 그들은 자신들이 선망하는 존재들을 얼마나 리얼하게 연기하며 뽐내는지를 다툰다. 당시 20대 후반의 백인 여성 레즈비언이었던 감독 제니 리빙스턴은 거리에서 이들이 경연 때 추는 댄스(보깅(vogueing) 댄스)를 접하고 이들의 삶을 카메라에 직접 담아냈다. 영화 속 장면들은 나에게는 너무나 낯설고 부자연스러웠다. 진한 화장, 과장된 몸짓과 표정, 중성적인 목소리, 할렘가에서 벌어지는 폭력과 성판매, 그리고 죽음 등 어느 것 하나 쉬이 넘어갈 수 없었다. 그렇지만 그 '볼'이라는 무도회장에 대한 다음의 증언들은 나에게 또 하나의 탈문화적 시공간을 펼쳐주었다.

"볼 안에서 당신은 당신이 원하는 무엇이든 될 수 있어요. 나는 간부(executive)가 될 수 있어요. 나에게 기회가 주어진다면, 나는 될 수 있어요. 왜냐하면, 나는 간부처럼 보일 수(look like) 있으니깐요."

"그것은 당신을 헤치지 않는 황홀함(a high)이에요."

"이건 단지 이기기 위한 게 아니에요. 이건 선물(giving)이기도 해요. 그러니깐 이건 말하자면 내 철학이죠."

영화는 찬사와 함께 비난도 받았다. 이들의 퍼포먼스가 그저 부유한 백인 남성 중심의 이성애적 문화를 오히려 반복 및 강화하는 것은 아닌지, 영화 속 주인공들은 결국 할렘가에서의 잔혹한 삶에서 벗어나지 못했지만 백인 여성 감독은 영화를 통해 사회적 명성을 얻게 되었다는 비판들이었다.[16] 실제로 이들의 퍼포먼스는 단순히 볼이라는 한정된 공간 안에서 경연이 이루어지는 특정한 시간 안에만 인정될 뿐이었다. 아무리 리얼하게 흉내를 낸다고 하더라도 볼을 벗어나는 순간, 경연 시간이 끝나는 순간 그들은 자신들의 시공간으로 되돌아가야만 했다. 가난과 폭력, 차별과 배제가 난무하던 80년대 뉴욕의 할렘가로 말이다.

하지만 '당신이 원하는 무엇이든 될 수 있어요'라고 말하던 한 흑인 청년의 모습에서 나는 그의 진심을 느낄 수 있었다. 당시 그는 무대에서 자신이 입을 의상을 만드는 중이었다. 어렵게 일을 해서 모은 돈으로 원단을 구매하고, 이를 밤늦은 시간까지 정성스럽게 만들고 있었다. 그에게는 하나의 신념이자 자신만의 철학이 있었다. 볼 안에서는 기존의 사회적 상징들이 정지되고, 오직 자신들이 원하는 그 무엇이 될 수 있다고 말이다. 이것은 내가 얼마나 똑같이 연출하느냐를 넘어 그러한 연출의 가치에 대해 그곳에 있는 모든 참가자가 공감하고 받아줄 것이라는 확고한 믿음이 깔려 있다.

볼은 이처럼 당신이 원하는 것도, 내가 원하는 것도 그 어떤 것도 될 수 있는 무한의 시공간이었다. 정말로 완벽한 '리미널리티' 영역이다. 이곳에서 행해진 각각의 공연들은 모든 참가자에게 잊지 못할 하나의 '사건'(혹은 에피소드)이며, 이를 통해 일상을 견딜 수 있는 힘을 얻었다. 오늘날 우리는 순간에 그칠 뿐이라도 그와 같은 '볼'을 얼마나 지니고 있을까. 아니다. 질문이 틀렸다. 우리는 그러한 볼(무엇이라도 될 수 있는 시공간)의 존재 가능성에 대해 얼마나 믿을 준비가 되어 있을까 되묻고 싶다.

문화적 시공간을 넘어선 세 번째 몸_애도

마지막으로 세 번째 탈문화적 시공간의 사례를 소개하려 한다. 나는 이 마지막 장면 속 몸들을 보며 한국에서 이미 충분히 많은 '봄'이 존재하고 있음을, 또 앞으로도 존재할 수 있다는 굳은 신념을 얻을 수 있었다. 그 장면은 불행한 사고를 하나의 잊지 못할 사건(에피소드)으로 전환해준 실천이었다. 그것은 한 무리의 사람들이 상복을 입은 유가족과 장례식장 현관 앞에서 맞절을 하는 사진이었다.[17] 유가족은 2016년 5월 28일 구의역에서 2인 1조로 시행해야 할 스크린도어 수리를 홀로 진행하다가 열차와의 충돌 사고로 생명을 잃은 김 군의 유가족이었다. 당시 그의 공구가방에서 발견된 먹지 못한 컵라면은 19세 비정규직 청년의 비극적 죽음을 더욱 안타깝게 만들었다. 해당 사진은 "힘 없는, 너는 나다"라는 제목의 사진이었다. 당시 구의역에서 건국대병원 장례식장까지 시민들의 추모 행진이 이어졌고, 장례식장의 현관 앞에서 시민들과 유가족은 맞절을 하며 오열하였다. 사고 다음날인 그날은 바로 고인의 생일이었다.

이 장면은 그동안 쉽게 볼 수 없었던 애도의 시공간이었다. 그곳에 모인 시민들은 서로 일면식도 없는 익명의 사람들이었다. 그들이 그곳에 자발적으로 모인 이유는 힘없이 생을 마감한 청년의 삶을 마치 나의 일처럼 여겼기 때문이다. 나이도, 성별도, 사회적 지위도 그 어느 것 하나 일치하지 않은 사람들이 장례식장 현관 앞에서 서로를 '전인적 인간'으로서 마주한 것이다. 서로 홀로 감내하고 있었던 힘듦을 안고 또 다른 힘듦 속에 사고를 맞이한 그에게 감응한 것이다. 앞서 소개한 로버트 머피 교수가 장애인이라는 경계적 인간으로서 또 다른 경계적 사람들과 사회적 구별짓기 없이 전인적 인간으로 마주할 수 있었던 것처럼 말이다. 그렇게 이들은 장례식장을 또 하나의 경계적 공간인 '볼'로 전환시킨 것이다. 그 애도의 장면에서 나는 새로운 탈문화적 시공간의 생성을 목격할 수 있었다.

불행히도 이러한 애도의 탈문화적 시공간은 지난 10여 년의 기간 동안 한국 사회에 끊임없이 등장했다. 2014년 4월 18일 세월호 참사 이후 서울 광화문 광장에서부터 2022년 10월 29일 이태원 참사 이후 12월 14일에 설치된 녹사평 분향소와 이후 2023년 2월 4일 설치된 서울시청광장 분향소까지 연이은 참사는 유가족과 시민들에게 서로를 전인적 인간으로서 마주하는 시공간을 열어주었다. 참사가 발생했던 시간이 매해 돌아오면, 그날의 희생자를 기억하는 공간에 들어서면, 그리고 참사를 상징하는 노란색 리본과 보라색 리본을 착용하면, 우리는 어느 순간 일상의 시공간의 흐름에서 벗어나 애도의 시공간으로 진입한다. 그렇게 세상이 정해 놓은 일상적인 문화적 시공간의 경계선 위에 올라탄 몸들이 된다. 서로가 서로의 애도를 위한 새로운 리미널리티의 트리거가 되어주는 것이다.

몸은 곧 드라마이고, 드라마여야 한다

 이제 처음의 이야기로 돌아가보자. 반 젠넵이 말했듯 인간은 태어날 때부터 상징으로 가득찬 의례의 과정을 주기적으로 통과할 운명이다. 모든 전환의 시기마다 문화적으로 공유되는 '전이'의 과도기를 통해 나름의 지위를 획득한다. 나아가 그러한 전환의 시기는 앞서 소개했듯 일상적인 문화적 시공간을 넘어 다양한 사고와 사건들로 인한 탈문화적 시공간에 의해 형성될 수 있다. 그때마다 사람들은 경계적 존재로서 전이 상태를 경험한다. 앞서 반 젠넵은 이같은 전이 상태가 사회구성원들을 통합하는 효과가 있다고 본 반면, 그의 뒤를 이른 빅터 터너는 의례 참가자들의 역동적인 변화의 가능성에 주목했다.

 나아가 터너는 이 같은 전이 과정에 또 다른 의미를 추가했다. 그는 모든 의례의 과정이 마치 하나의 연극과도 같으며, 일종의 '사회적 드라마'(social drama)와 같다고 보았다.[18]

 터너는 "예술이 삶의 모방이듯, 삶이란 결국 예술의 모방이다"라고 말한다. 여기서 핵심은 삶이 곧 예술적 요소를 지녔다는 점이다. 무대 드라마(stage drama)에서 관찰되는 극적인 요소가 사회에서 관찰되는 다양한 의례적 과정에서도 목격되며, 이를 사회적 드라마라 표현한 것이다. 반 젠넵이 일상에서 관찰되는 의례를 하나의 일정한 순서를 지닌 '통과' 과정으로 바라보았다면, 터너는 '드라마 유추'(drama ontology)를 통해 바라본 셈

이다.[19]

그런데 반 겐넵이 [분리→전이→통합]이라는 의례의 순서를 "근본적인 배열"이라 보았듯이, 터너 역시 사회적 드라마에는 "본래적으로 순서가 존재한다"라고 강조하였다.[20] 즉, [이탈→위기→교정→재통합]이라는 네 단계가 '순서 변동 없이' 반드시 존재한다고 본 것이다. 터너가 말한 사회적 드라마라는 표현은 단순히 삶 속에 드라마적 요소가 있다는 의미를 넘어선다. 그것은 모두의 삶 속에 드라마적 요소가 언제나 존재해야만 한다는 선언이다. 우리 모두가 자신의 삶에서 관객이 아닌 주인공으로 삶의 서사를 이끌어가도록 존중해야 한다고 말이다.

터너가 말한 삶에 대한 드라마적 유추가 오늘날 가치있는 점은 많은 현대인들이 삶에서 오직 하나의 스토리로만 존재한다고 믿는 '이데올로기적 드라마'에 빠지거나, 다른 대안은 불가능하다고 믿는 '숙명론적 드라마' 혹은 '체념적 드라마'에 빠져 있기 때문이다. 그렇기에 오늘날 일상에서 다채로운 드라마가 점차 사라지고 회색빛의 사회적 드라마만 목격되는 것은 아닌지 모르겠다. 단적으로 그 많은 학생들이 앞다투어 의과대학에 입학하기 위해 경쟁하는 오늘날 한국의 현실이 그 예라 할 수 있다. 나아가 세계적인 저출생을 기록한 지금의 현실이 어떤 특정한 사회적 드라마만을 상상토록 제한당하고 있는 건 아닌지 되돌아보게 한다.

지금 우리가 살아가는 세상에는 수없이 많은 사회적 약자들이 자신만의 미래를 상상하지 못한 채 살아간다. 10년간 인류학자로 한국 사회에서 목격한 여러 감정노동자와 이주노동자의 삶 속에서도 새로운 전환을 꿈꿀 수 있는 리미널리티는 쉽게 허용되지 않았었다. 그럼에도 불구하고 감사하게도 반 겐넵과 터너가 절대로 포기하지 않았던 그 본래적인 전이의 순간들을 나는 또한 현장에서 목격할 수 있었다. 어떠한 것도 쉽게 허용되지 않고 포기를 강요받던 약자들이지만 이주노동자는 "그래도 우리는 … 한다"는 모습을,[21] 감정노동자들은 "뭐라도 하려는 그녀들"의 모습[22]을 보여주었다.

몸에는 태어난 순간부터 문화적 시간이 흐른다. 그리고 각종 사고와 사건들 속에서 또 다른 시공간의 궤도를 마주하게 된다. 결국 몸은 단 한 순간도 시간의 흐름 속에서 벗어날 수 없고, 그 흐름은 반드시 과도기적인 전이의 순서를 통과해야만 한다. 또한 그 순서는 반드시 극적인 순간들을 포함한다.

결국 몸은 곧 드라마이며, 드라마여야만 하며, 드라마로 상상되어야 한다. 그 어떤 몸도 그들만의 드라마는 아직 끝나지 않았다. 애도의 장면에서 우리가 목격했듯, 아픔과 고통의 순간에도 우리 모두의 몸 속에는 타인과 전인적 인간으로 마주할 수 있는 리미널리티 스위치가 있음을 기억하자. 나의 몸이 타인의 몸과 마주칠 때 새로운 시공간의 궤도가 형성될 수 있다. 그렇게 모두가 일상의 경계선 위에 올라가 새로운 드라마를 써

내려 갈 수 있기를 희망한다. 이게 내가 써내려는 우리의 드라마다.

나오며 # 몸들의 목소리,
결국 드라마다*

이 책은 13년간의 현장 경험과 7년간의 강의 경험을 통해 다듬어진 몸에 대한 나름의 인류학적 소결이다. 현장에서 사람을 만나서 듣고 배우는 인류학을 실천하다 보면 어느 순간 소위 철학적 질문 앞에 마주 서게 된다. 인류학을 '뺄셈'(subtraction)[1]이라 언급했던 인류학자 클리포드 기어츠(Clifford James Geertz)의 지적처럼, 현장을 보지 않은 채 쏟아져 나오는 각종 이론과 해석 앞에서 인류학을 실천하는 과정이란 머릿속에 담긴 편견들을 '벗겨내고' 현실 앞에 벌거벗은 채 마주 서는 행위와도 같다. 그렇게 서 있다가 보면 눈앞의 현상에 대해 무수히 많은 질문이

---

* 생각해보면, 이 책은 나에게 가장 큰 영향을 주었던 영국 인류학자 빅터 터너 『의례의 과정: 제의에서 연극으로』에 대한 오마주라 할 수 있다. 그가 '삶은 드라마'로 보았듯 이제 나는 몸이 드라마임을 깨닫고 있다.

쏟아지기 시작한다. 아픈 사람과 그 아픔을 초래하는 모든 것을 탐구하고자 하는 의료인류학자의 경우 더더욱 그러하다.

나라고 예외는 아니었다. 어떻게 보면, 질문조차 던지지 않는 세상에서 질문을 찾아다닌 건지도 모르겠다. 그래서 병원 진료실을 뒤로 하고 인류학 현장으로 나온 게 아니었을까. 답이 필요하다기보다 무엇이 문제인지 질문부터 던지고 싶었던 것 같다. 그 결과 대면하게 된 질문은 "내 몸은 나의 것인가? 난 내 몸을 얼마만큼 소유하고 있는 것일까?" 하는 것이었다. 이 책은 13년짜리 인류학자가 그 답을 찾아간 여정과 나름의 작은 결론을 기록한 것이다. 그것은 현장에서 직접 마주하며 들었던 몸들의 소리로부터 얻은 답이기에 일종의 '경험철학'이라 할 수 있을 것이다.

책 전체를 관통하는 작은 결론은 크게 두 가지였다. 첫째, 몸은 자세이며, 둘째, 몸은 순서이다. 우선 몸을 자세로서 경험하게 된 과정은 다음과 같았다. 처음 현장 연구를 시작할 때 나는 몸이 도화지라고 생각했다. 사회문화의 메시지가 새겨지는 수동적인 공간으로 말이다. 그런데 현장에서 여러 노동하는 몸의 아픔을 목격하며 몸이 항상 무언가를 지향하고 있는 '자세'임을 깨닫게 되었다. 무언가가 새겨지는 것을 기다리고 있는 것이 아니라 그 메시지를 끊임없이 몸으로 실천하며 반복하고 있었다. 그들은 고정된 몸이 아니라 움직이는 몸이었다. 그렇지만 그때까지도 그 메시지가 어디에서 왔는지는 명확하게 파악하지 못했다.

현장 경험이 5년을 넘어가면서 그 메시지가 마치 자석이 뿜어내는 자기장처럼 강력한 '느낌의 갈고리'[2]에 의해 새겨진다는 것을 경험하게 되었다. 그래서 몸은 위축되기도 하며, 반대로 당당해지기도 했다. 그 어떤 자세도 오로지 이성적 판단으로 온전히 통제할 수 있는 것은 아니었다. 그 기저에는 강력한 긍정과 부정, 희망과 절망, 기쁨과 슬픔의 느낌들이 깊이 연루되어 있었다. 그 누구도 이것에서 벗어나기 불가능해 보였으며, 그것은 다양한 방식(법, 규범, 학문, 지식, 정치, 언론 그리고 여러 사람의 모습으로)으로 현실에 영향을 주고 있었다.

그렇게 자세로서의 몸을 쫓아 현장을 다니며 나는 두 번째 몸을 마주하게 됐다. 그것이 바로 '순서'로서의 몸이다. 상식적으로 몸에는 두 가지 시간이 흐른다. 우선, 나이 듦과 같은 자연적 시간이 흐른다. 다음으로 사회문화적 시간이 흐른다. 어떤 사회에 속해 있고, 그래서 특정한 문화를 공유함에 따라 지향해야만 하는 몸의 순서, 혹은 삶의 과업이 존재한다. 결혼 '적령기'처럼 항상 몸에는 사회문화적 '때'가 존재한다. 그런데 나는 이런 두 가지 종류의 시간을 뛰어넘은 몸의 순서와 마주하게 됐다. 바로 그러한 시간 '너머의' 순서를 창조하는 몸이었다.

이 시간 '너머의' 순서를 발견하는 데 내게도 많은 경험의 시간이 필요했다. 내가 시간과 다른 표현으로 순서(sequence)를 사용한 것은 몸이 하나의 드라마와도 같기 때문이다. 드라마는 단순한 이야기, 서사와 차별된다. 드라마는 본래적으로 순서를 지닌다. 그 순서란 인류학자 빅터 터너가 말한 연극 속 순서와 같은 것이다. 평온한 현실에서 갈등이 고조되다가 해소되고 다시 새로운 현실과 조응하는 식의 순서 말이다. 내가 마주친 모든 몸들은 분명 무언가에 의해 이끌려 갔다. 그 끝이 비극이든, 희극이든 항상 그들만의 드라마가 존재했다. 몸은 언제나 현실과 상상 속 드라마의 쉼 없는 교차 속에서 각색되고 있었다.

몸은 반드시 사회와 문화가, 그리고 구체적 상황이 요구하는 '자세'를 취한다. 그리고 그 자세는 온갖 느낌들의 흐름 속에 움직인다. 하지만 그 몸들이 지향하는 곳에는 반드시 '순서'가 존재한다. 무엇에 의해서든, 어떤 내용이든 몸은 다음 순서를 기대하며 살아내고, 말하고, 저항한다. 그것이 고통과 절망으로 이어질지, 행복과 희망으로 이어질지 예측할 수는 없다. 그럼에도 나의 경험 속에서 몸은 그 어느 때도 순서를 포기하지 않았다. 심지어 죽어간 몸조차 하나의 드라마로 주변의 기억 속에 살아 있었다.

이렇듯 그 모든 몸이 들려준 목소리는 결국 드라마였다. 이것이 13년간 인류학자로 타인의 몸을 목격하고 내 몸으로 경험하며 얻은 짧은 결론이다. 생명을 가진 그 모든 것은 순서를 쫓아간다. 그것을 멈추거나 포기할 때 비로소 생명이 중단된다.

그 어떤 몸도 그들만의 드라마가 아직 끝나지 않았다. 이렇듯 목소리 인류학자로 내가 목격한 것은 아무리 억압받고 짓눌리며 잘려 나간 드라마라 할지라도, 몸은 또다시 새로운 드라마의 순서를 탄생시킬 수 있다는 반향들이었다.

새로운 타자와 무대와의 마주침은 언제나 예측하지 못했던 드라마로 몸을 이끌었다. 이것을 깨달았을 때 난 비로소 이 책을 마칠 수 있겠다는 결심이 서게 됐다. 그렇게 나, 인류학자로서의 드라마 1막의 끝을 본 셈이다. 이제 더 변화무쌍한 열린 몸, 인간 너머의 무엇과도 소통할 수 있는 애니미즘(animism)적 몸의 소리를 듣기 위한 드라마 2막을 살아 낼 것이다. 내 몸의 경계선 위에서 말이다.

주석

들어가며

1 KBS2, 〈추적60분〉, "어느 콜센터의 비극: 누가 그들을 죽였나" (2017.3.9.방영).
2 SBS〈그것이 알고 싶다〉, "죽음을 부른 실습: 열아홉 연쇄사망 미스터리" (2017.3.18.방영).
3 프레시안 기사(허환주 기자, 2017년 3월 7일 기사), 「'SAVE' 업무는 19세 여고생을 자살로 몰아냈다」.
4 피에르 부르디외 & 로익 바캉(이상길 옮김), 『성찰적 사회학으로의 초대』, 그린비, 2015, 496-499쪽.
5 아서 프랭크, 2013, (최은경 옮김), 『몸의 증언』, 갈무리.
6 로버트 머피, "6장. 사회적 만남들: 미국 사회의 침묵하는 몸", 잉수타 & 휘테 엮음(김도현 옮김), 『우리가 아는 장애는 없다』, 그린비, 2011), 298쪽.
7 양민종. (2016). "스베틀라나 알렉시예비치 목소리 소설 시학: 5대 중편소설의 정치지향성과 목소리 소설 형태를 중심으로," 러시아연구, 26(2), 239-267쪽.

1부. 몸을 모르는 사회

1. 문화라는 렌즈로 굴절되는 몸

1 바바라 밀러(박충환, 박준규, 이창호, 홍석준 역), 『글로벌시대의 문하인류학』, 시그마프레스, 2019, 12쪽.
2 멜빈 코너, (남동기 외 옮김), 『현대의학의 위기』, 2001, 사이언스북스.
3 린 페이어(이미애 옮김), 『의학, 과학인가 문화인가』, 2004, 몸과마음. 253쪽, 256쪽.
4 린 페이어, 앞의 책, 171-187쪽.
5 린 페이어, 앞의 책, 188-195쪽.
6 린 페이어, 앞의 책, 20쪽.
7 린 페이어, 앞의 책, 130~133, 137-138쪽.
8 린 페이어, 앞의 책, 68~69, 100~101쪽.
9 린 페이어, 앞의 책, 17~19, 212~215, 230-233쪽.
10 린 페이어, 앞의 책, 47쪽.
11 린 페이어, 앞의 책, 239쪽.
12 연설내용 전문은 다음을 참고하였다. https://www.gov.uk/government/speeches/pmstatement-on-coronavirus-12-march-2020

2. 통증은 보편적인 것일까

1 Livingston, Julie. Improvising medicine: an African oncology ward in an emerging cancer epidemic. Duke University Press, 2012.133쪽.
2 앞의 책, 144-150쪽.
3 Lock, Margaret M. Encounters with aging: Mythologies of menopause in Japan and North America. Univ of California Press, 1994, p. xxi & 39
4 Lock, Margaret M., and Vinh-Kim Nguyen. An anthropology of biomedicine. John

Wiley & Sons, 2018, p.319~320.
5 Lock, Margaret M., and Vinh-Kim Nguyen. 앞의 책, p.314-319.
6 Lock, Margaret M., and Vinh-Kim Nguyen. 앞의 책, p.313.
7 Lock, Margaret M., and Vinh-Kim Nguyen. 앞의 책, p.313.
8 Lock, Margaret M., and Vinh-Kim Nguyen. 앞의 책, p.324-326.
9 Gammeltoft, Tine. Haunting images: A cultural account of selective reproduction in Vietnam. Univ of California Press, 2014.
10 Gammeltoft, Tine., 앞의 책, p.93.
11 Gammeltoft, Tine., 앞의 책, p.97.
12 Lock, Margaret M., and Vinh-Kim Nguyen. 앞의 책, p.326.
13 Hollen, Cecilia Van. "Invoking vali: painful technologies of modern birth in south India." Medical Anthropology Quarterly 17.1 (2003): 49-77.
14 트레이시 키더(박재영, 김하연 옮김),『작은 변화를 위한 아름다운 선택』, 황금부엉이, 2005, 62쪽.

3. 영혼이 부패하지 못하게 시신을 보호하라

1 Stonington, Scott. The spirit ambulance: Choreographing the end of life in Thailand. University of California Press, 2020.
2 Stonington, Scott. 앞의 책, p.30.
3 Stonington, Scott. 앞의 책, p.137-138.
4 Stonington, Scott. 앞의 책, p.141.
5 Stevenson, Lisa. Life beside itself: Imagining care in the Canadian Arctic. University of California Press, 2014.
6 Stevenson, Lisa, 앞의 책, p.104.
7 Stevenson, Lisa, 앞의 책, p.126.
8 로렐 켄달(김성례, 김동규 옮김),『무당, 여성, 신령들: 1970년대 한국 여성의 의례적 실천』, 일조각, 2020, 163-198쪽.
9 빅터 터너(박근원 옮김)(2005),『의례의 과정』, 한국심리치료연구소, 38-73쪽.
10 빅터 터너, 앞의 책, 81쪽.
11 김성례,『한국 무교의 문화인류학』, 소나무, 2018, 454쪽.

4. 우리는 함께 존재하는 것만으로 치유된다

1 Carlyle, Donna. "Walking in rhythm with Deleuze and a dog inside the classroom: being and becoming well and happy together." Medical humanities 45.2 (2019): 199-210.
2 McCormack, Derek P. Refrains for moving bodies: Experience and experiment in affective spaces. Duke University Press, 2014. p.55
3 Golańska, Dorota. Affective Connections: Towards a New Materialist Politics of Sympathy. Rowman & Littlefield, 2017, p.180-186
4 마르크 오제(이상길, 이윤영 옮김),『비장소:초근대성의 인류학 입문』, 아카넷, 2017.
5 앞의 책, 151쪽.

2부. 몸을 증강시킨 사회

1. 슈퍼인간 혹은 좀비

1   웨이드 데이비스(김학영 옮김), 『나는 좀비를 만났다』, 메디치, 2013, 41쪽.
2   웨이드 데이비스, 앞의 책, 178쪽.
3   웨이드 데이비스, 앞의 책, 201, 202쪽.
4   국민일보(박재현 기자, 2023년 1월 14일 기사), 「"6년 만에 21만명 사망" 세계 최강 미국, '펜타닐'에 붕괴 중」
5   웨이드 데이비스, 앞의 책, 188쪽.
6   데이비드 T. 코트라이트(이시은 옮김), 『중독의 시대』, 커넥팅, 2020, 14-15쪽.
7   데이비드 T. 코트라이트, 앞의 책, 114쪽.
8   리처드 윌킨슨, 케이트 피킷(이은경 옮김), 『불평등 트라우마:소득격차와 사회적 지위의 심리적 영향력과 그 이유』, 생각이음, 2019
9   김관욱, 『사람입니다, 고객님: 콜센터의 인류학』, 창비, 33-36쪽.
10 세실 G. 헬만(최보문 옮김), 『문화, 건강과 질병』, 전파과학사, 194쪽; Jefferys, Margot, J. H. F. Brotherston, and Ann Cartwright. "Consumption of medicines on a working-class housing estate." British Journal of Preventive & Social Medicine 14.2 (1960): 64.
11 Jenkins, Janis H. 2015. Extraordinary Conditions: Culture and Experience in Ment
12 올더스 헉슬리(안정효 옮김), 『멋진 신세계』(2015년), 태일소담출판사. 320-321, 333-334, 359쪽.
13 올더스 헉슬리(안정효 옮김), 『다시 찾아본 멋진 신세계』(2015년), 태일소담출판사. 151-152쪽.
14 올더스 헉슬리(송의석 옮김), 『아일랜드』, 청년정신, 2012년
15 Laura Archera Huxley, This Timeless Moment: A Personal View of Aldous Huxley, 1991(1968). Mercury House.
16 앤드류 솔로몬(민승남 옮김), 『한낮의 우울: 내면의 어두운 그림자, 우울의 모든 것』, 민음사, 2022, 141쪽.
17 KBS 1TV〈수요기획-검은 소금을 캐는 사람들, 동아프리카 보라나족〉(2012. 7. 4 방영)

2. 설탕, 그 달콤한 폭력

1   엄우흠·고주희·박은주, 『잘 먹고 잘사는 법, 설탕』, 김영사, 2005, 20쪽.
2   엄우흠·고주희·박은주, 앞의 책, 23-30쪽.
3   시드니 민츠(김문호 옮김), 『설탕과 권력』, 지호, 1998, 337쪽.
4   시드니 민츠, 앞의 책, 332쪽.
5   시드니 민츠, 앞의 책, 331쪽.
6   시드니 민츠, 앞의 책, 278-279쪽.
7   시드니 민츠, 앞의 책, 243-244쪽.
8   시드니 민츠, 앞의 책, 249쪽.
9   시드니 민츠, 앞의 책, 279-280쪽.
10 마크 애런슨, 마리나 부드호스(설배환 옮김), 『설탕, 세계를 바꾸다』, 검둥소, 2013, 82-83쪽.
11 Baer, Hans A., Merrill Singer, and Ida Susser. Medical anthropology and the world system: Critical perspectives. Bloomsbury Publishing USA, 1997. p.124
12 게리 타우브스(강병철 옮김), 『설탕을 고발한다』, 알마, 2019, 115-117쪽.
13 게리 타우브스, 앞의 책, 121-122쪽.
14 게리 타우브스, 앞의 책, 119쪽.
15 게리 타우브스, 앞의 책, 123-124쪽.
16 게리 타우브스, 앞의 책, 126-127쪽.
17 마크 애런슨, 마리나 부드호스, 앞의 책, 140쪽.

18 정용, 『코카 콜라 쿠바』, 스노우폭스북스, 2018, 47쪽.
19 건치신문(김해완, 2019년 12월 18일자), 「설탕, 중독, 가난의 연쇄고리」, 출처: http://www.gunchinews.com/news/articleView.html?idxno=57178
20 Moran-Thomas, Amy. Traveling with sugar: chronicles of a global epidemic. University of California Press, 2019. p.3-5.
21 Moran-Thomas, Amy. 앞의 책, p.76.
22 Moran-Thomas, Amy. 앞의 책, 35, 44쪽

3. 담배 이전의 몸, 담배 이후의 인류

1 Glover, Marewa, and Anette Kira. "Why Maori women continue to smoke while pregnant." The New Zealand Medical Journal (Online) 124.1339 (2011).
2 Chamberlain, Catherine, et al. "Evidence for a comprehensive approach to Aboriginal tobacco control to maintain the decline in smoking: an overview of reviews among Indigenous peoples." Systematic reviews 6.1 (2017): 1-28.
3 Muriwai, E., C. A. Houkamau, and C. G. Sibley. "Looking like a smoker, a smokescreen to racism? Māori perceived appearance linked to smoking status."Ethnicity & Health 23.4 (2018): 353-366쪽.
4 이언 게이틀리(정성묵 옮김), 『담배와 문명』, 몸과마음, 2003, 156-157쪽.
5 이언 게이틀리(정성묵 옮김), 앞의 책, 161쪽.
6 이언 게이틀리(정성묵 옮김), 앞의 책, 154-155쪽.
7 Hays, Terence E. "They Are Beginning to Learn the Use of Tobacco" in Jankowiak, William R., and Daniel Bradburd, eds. Drugs, labor, and colonial expansion. University of Arizona Press, 2003. p.59-65.
8 Hays, Terence E. "They Are Beginning to Learn the Use of Tobacco" in Jankowiak, William R., and Daniel Bradburd, eds. Drugs, labor, and colonial expansion. University of Arizona Press, 2003. p.69-70.
9 Jankowiak, William, and Dan Bradburd. "Using drug foods to capture and enhance labor performance: a cross-cultural perspective." Current Anthropology 37.4 (1996):717-720.
10 Black, Peter Weston. "The anthropology of tobacco use: Tobian data and theoretical issues." Journal of Anthropological Research 40.4 (1984): 475-503.
11 Russell, Andrew. Anthropology of tobacco: Ethnographic adventures in non-human worlds. Taylor & Francis, 2019. p.318
12 조던 굿맨(이학수 옮김), 『역사 속의 담배: 보랏빛 연기가 자아낸 의존의 문화』, 다해, 2010, 27쪽.
13 조던 굿맨(이학수 옮김), 앞의 책, 21쪽.
14 조던 굿맨(이학수 옮김), 앞의 책, 24-25쪽.
15 조던 굿맨(이학수 옮김), 앞의 책, 52-53쪽.
16 이언 게이틀리(정성묵 옮김), 앞의 책, 154-155쪽.
17 Jankowiak, William, and Dan Bradburd. "Using drug foods to capture and enhance labor performance: a cross-cultural perspective." Current Anthropology 37.4 (1996):717-720.
18 샌더 L. 길먼, 저우 쉰 외 지음(이수영 옮김), 『흡연의 문화사』, 이마고, 2006, 219-222쪽.
19 Goodman, Jordan, Andrew Sherratt, and Paul E. Lovejoy, eds. Consuming habits: drugs in history and anthropology. Routledge, 2014. p.1-10.
20 Jenkins, Janis H., eds. Pharmaceutical Self: The Global Shaping of Experience in an

Age of Psychopharmacology. School for Advanced Research Press, 2011.
21 출처: https://www.phcc.org.nz/briefing/what-happening-vaping-amongadolescents-and-young-adults-aotearoa

4. 통제할 수 없는 상처, 통제하는 식욕

1   한겨레 신문 (박수지 기자, 2022년 6월 19일 기사), 「마약류 '나비약' 10대 전파⋯살 빼려다 자칫 '마약사범' 된다」(https://www.hani.co.kr/arti/society/society_general/1047522.html)
2   수지 오바크(김명남 옮김), 『몸에 갇힌 사람들』, 창비, 2011, 258쪽.
3   Becker, Anne E., et al. "Eating behaviours and attitudes following prolonged exposure to television among ethnic Fijian adolescent girls." The British Journal of Psychiatry 180.6 (2002): 509-514.
4   수지 오바크(김명남 옮김), 앞의 책, 41쪽.
5   돈 쿨릭, 앤 메넬리 엮음(김명희 옮김), 『팻: 비만과 집착의 문화인류학』, 소동, 2011, 218-219쪽.
6   Lester, Rebecca J. Famished: Eating disorders and failed care in America. University of California Press, 2019. 34쪽.
7   Lester, Rebecca J., 앞의 책, 73쪽.
8   수지 오바크(김명남 옮김), 위의 책, 254쪽.
9   수지 오바크(김명남 옮김), 위의 책, 265쪽.
10 크리스 쉴링(임인숙 옮김), 『몸의 사회학』, 나남출판, 1999, 24쪽.
11 박지윤, & 천혜정. (2017). "'모순된'근육: 20대 여성의 근육 만들기 실천 경험: 20 대 여성의 근육 만들기 실천 경험," 미디어, 젠더 & 문화, 32(3), 47-85, 54쪽.
12 파니 앰보손, 8장. "살에 관한 담화", 돈 쿨릭, 앤 메넬리 엮음(김명희 옮김), 『팻: 비만과 집착의 문화인류학』, 소동, 2011, 179쪽.
13 파니 앰보손, 앞의 책, 184, 187, 188, 190쪽.
14 아서 프랭크(최은경 옮김), 『몸의 증언』, 갈무리, 2013, 39쪽.
15 Kleinman, Arthur, and Joan Kleinman. "How bodies remember: Social memory and bodily experience of criticism, resistance, and delegitimation following China's cultural revolution." New literary history 25.3 (1994): 707-723.
16 Fox, Nick, Katie Ward, and Alan O'rourke. "Pro-anorexia, weight-loss drugs and the internet: an 'anti-recovery'explanatory model of anorexia." Sociology of health & illness 27.7 (2005): 944-971.
17 Fox, Nick, Katie Ward, and Alan O'rourke, 위의 논문, 958쪽, 필자 번역.
18 록산 게이(노지양 옮김), 『헝거: 몸과 허기에 관한 고백』, 사이행성, 2018, 40쪽.
19 록산 게이, 앞의 책, 35쪽.
20 이진솔, & 김영근. (2022). 「섭식장애 환자들의 삶에 관한 내러티브 탐구: 게워내고 토해내는 삶. 교육인류학연구」, 25(2), 29-74. 37쪽.
21 이진솔 & 김연근, 55쪽.
22 Johann Hari, 『Magic Pill: : The Extraordinary Benefits and Disturbing Risks of the New Weight-Loss Drugs』(Crown Publishing Group 2024)

3부. 몸이 변혁시킨 사회

1. 몸이 발명해낸 질환, 체념증후군

1   수잰 오설리번(서진희 옮김), 『잠자는 숲속의 소녀들』, 한겨레출판, 2022, 40쪽.

2 수잰 오설리번, 앞의 책, 381쪽.
3 1988책 [Biomedicine examined]
4 수잰 오설리번, 앞의 책, 188쪽 재인용.
5 수잰 오설리번, 앞의 책, 150쪽.
6 수잰 오설리번, 앞의 책, 190쪽.
7 청년의사(김은영 기자, 2023년 4월 13일자 기사), 「갑작스런 극한의 공포 '공황장애' 급증…진료비 900억원 돌파,」 출처: http://www.docdocdoc.co.kr/news/articleView.html?idxno=3004821
8 관련된 정보는 '국가정신건강정보포털'에 소개된 공황장애에 대한 설명을 참고하길 바란다. 출처: https://www.mentalhealth.go.kr/portal/disease/diseaseDetail.do?dissId=33

2. 포옹은 어떻게 세상을 바꾸는가

1 조은, 『사당동 더하기25:가난에 대한 스물다섯 해의 기록』, 또하나의문화, 2012, 293쪽.
2 베셀 반 데어 콜크(제효영 옮김), 『몸은 기억한다: 트라우마가 남긴 흔적들』, 한겨레출판, 2022, 156쪽.
3 베셀 반 데어 콜크, 앞의 책, 153쪽.
14 베셀 반 데어 콜크, 앞의 책, 172쪽.
5 베셀 반 데어 콜크, 앞의 책, 162쪽.
6 Damasio, Antonio R. The feeling of what happens: Body and emotion in the making of consciousness. Houghton Mifflin Harcourt, 1999.; 베셀 반 데어 콜크, 앞의 책, 157-160쪽.
7 해당 내용은 미국 신경학자 안토니오 다마지오가 2000년에 〈Nature Neuroscience〉 학술지에 발표한 다음의 유명한 논문에서 다루고 있다. Damasio, Antonio R., et al. "Subcortical and cortical brain activity during the feeling of self-generated emotions." Nature neuroscience 3.10 (2000): 1049-1056.
8 이소희 외, 『나도 말할 수 있는 사람이다: 성판매 여성 안녕들하십니까』, 도서출판 여이연, 2018, 60-62쪽.
9 베셀 반 데어 콜크, 앞의 책, 165-168쪽, 429쪽.
10 베셀 반 데어 콜크, 앞의 책, 157쪽.
11 영상의 출처는 https://www.youtube.com/watch?v=j1WEtFFPVBU

3. 최면과 선동이라는 터널을 벗어나는 법

1 최면의학전문의 변영돈, 『최면의학 입문』(2006 최면의학워크샵 기초과정)(비매품), 2쪽.
2 박희관, & 이창화. (1998). "한국 성인의 최면반응성에 관한 연구," 『정신병리학』, 7(1), 39-50.
3 Spiegel, Herbert, et al. "Psychometric analysis of the hypnotic induction profile." The International Journal of Clinical and Experimental Hypnosis 24.3-4 (1976): 300-315.
4 Horton, J. E., Crawford, H. J., Harrington, G., & Downs III, J. H. (2004). Increased anterior corpus callosum size associated positively with hypnotizability and the ability to control pain. Brain, 127(8), 1741-1747; 이 논문에 따르면, 좌뇌와 우뇌를 연결하는 신경섬유 다발 구조인 '뇌량'(corpus callosum)의 가장 앞 부위의 크기가 히프노시스 감수성과 상관성이 있다는 연구가 있었다. 즉, 히프노시스의 효과란 결국 인류의 진화사 속에서 뇌가 획득한 생존 능력일지도 모른다.
5 오카다 다카시(황선종 옮김), 『심리조작의 비밀: 어떻게 마음을 지배하고 행동을 설계하는가』, 어크로스, 2016, 26-27쪽.
6 오카다 다카시, 앞의 책, 31쪽.

7   오카다 다카시, 앞의 책, 100-101쪽.
8   오카다 다카시, 앞의 책, 171-180쪽.
9   오카다 다카시, 앞의 책, 47-53쪽.
10 오카다 다카시, 앞의 책, 121-122쪽.

4. 몸이 기억하고 말하는 폭력

1   해당 영상은 마리나 아브라모비치의 TED Talks 영상인 〈An Art Made of Trust, Vulnerability and Connection〉(2015년 12월 23일)이다.(영상출처: https://www.youtube.com/watch?v=M4so_Z9a_u0)
2   그녀의 〈리듬 0〉에 대한 이야기와 그 외 작품활동에 대해서는 그녀의 일생을 다룬 2012년 다큐멘터리 〈마리나 아브라모비치가 여기 있다〉("Marina Abramovic: The Artist Is Present")에 자세히 담겨 있다.
3   에리카 피셔-리히테(김정숙 옮김), 『수행성의 미학: 현대예술의 혁명적 전환과 새로운 퍼포먼스 미학』, 문학과지성사, 2017(2004)), 29쪽.
4   Fischer-Lichte, Erika. The transformative power of performance: a new aesthetics. Routledge, 2008. p.18.
5   에리카 피셔-리히테, 앞의 책, 71~72쪽.
6   피에르 클라스트르(홍성흡 옮김), 『국가에 대항하는 사회』, 이학사, 2015(1974), 224-226쪽.
7   피에르 클라스트르, 앞의 책, 226-228쪽.
8   피에르 클라스트르, 앞의 책, 230-233면.
9   피에르 클라스트르, 앞의 책, 58면.
10 한겨레21(2023년 7월 13일자), '내 곁에 산재 1472호', 「의사가 "온몸이 익어 있다" 말했다… 일 마치고서 '폭발'한 몸」, (출처: https://h21.hani.co.kr/arti/society/society_general/54127.html)
11 MBC 뉴스'집중취재M', 「폭염에 열사병 노동자 6명 사망..중대재해처벌 되나?」(2022년 8월 18일자), (출처: https://imnews.imbc.com/replay/2022/nwdesk/article/6399445_35744.html)
12 Csordas, Thomas J., ed. Embodiment and experience: The existential ground of culture and self. Vol. 2. Cambridge University Press, 1994. p.6.

4부. 몸에 거주하는 사회

1. 보이는 몸, 몸의 자세가 곧 문화다

1   Dolezal, Luna , 2015, 『The body and shame: Phenomenology, feminism, and the socially shaped body』, Lexington Books, p.30-35.
2   Dolezal, Luna. "Shame anxiety, stigma and clinical encounters." Journal of evaluation in clinical practice 28.5 (2022): 854-860.
3   김관욱, 『아프지 않았으면 좋겠습니다: 무감각한 사회의 공감 인류학』, 인물과사상사, 2018.
4   신상미, 2013, 『인간은 왜 춤을 추는가』, 이화여자대학교출판문화원.
5   신상미·김재리, 2010, 『몸과 움직임 읽기: 라반 움직임 분석의 이론과 실제』, 이화여자대학교출판문화원.
6   메리 더글라스 (유제분·이훈상 옮김), 『순수와 위험』, 현대미학사, 2005.
7   더글라스, 앞의 책, 69쪽.
8   "3장. 메리 더글라스의 문화인류학", 로버트 워드나우 외 (최샛별 역), 『문화분석』, 한울아카데미, 95-102쪽.
9   Arthur Kleinman.「Pain and Resistance: The Delegitimation and Relegitimaton of

Local Worlds」, 『Pain as Human Experience: An Anthropological Perspective』, (University of California Press, 1994), pp.169-197.
10 아서 프랭크(최은경 옮김), 『몸의 증언』, 갈무리, 2013, 101쪽.
11 Csordas, Thomas J., ed. Embodiment and experience: The existential ground of culture and self. Vol. 2. Cambridge University Press, 1994.
12 Mol, Annemarie, 2002, The Body Multiple: Ontology in Medical Practice, Durham: Duke University Press. p.4-7.
13 원문은 다음과 같다. "there is no 'being' behind doing, effecting, becoming; 'the doer' is merely a fiction added to the deed. the deed is everything." 이것의 출처는 On the Genealogy of Morals(Nietzsche 1967[1887]:45)이다.
14 김현경, 『사람, 장소, 환대』, 문학과지성사, 2015, 84-91쪽.
15 메를로퐁티, 모리스(류의근 옮김), 2002[1945], 『지각의 현상학』, 서울:문학과지성사, 27-28쪽.
16 메를로퐁티, 모리스(류의근 옮김), 2002[1945], 『지각의 현상학』, 서울:문학과지성사, 168-169면, 176-177쪽.
17 Csordas, Thomas J. "Embodiment as a Paradigm for Anthropology." Body/meaning/healing. New York: Palgrave Macmillan US, 2002. 58-87.
18 Merleau-Ponty, Maurice. 2012(1962). Phenomenology of Perception (Trans: Donald A.Landes), London: Routledge: 102, 103, 108, 155면.
19 Merleau-Ponty, Maurice. Signs. Northwestern University Press, 1964. p.115

2. 관계 속의 몸, 집이고 때로는 감옥이 되는

1 Culler, Jonathan. "Lévi-Strauss: Good to think with." Yale French Studies 123 (2013):6-13.
2 Goffman, Erving. 1966. Behavior in public places: Free Press; Reissue edition. p.33-35
3 일라이 클레어(전혜은, 제이 옮김), 『망명과 자긍심: 교차하는 퀴어 장애 정치학』, 현실문화, 2021, 35쪽.
4 SBS 〈TV동물농장〉, 출처: https://www.youtube.com/watch?v=2kEa4hTSJ7Q (2020. 6. 14 방영). 비글은 사람을 잘 따르고 반항하지 않는 특징을 가져 실험용으로 선호된다고 전문가 들은 말한다. 또한 생물학적으로 개체간 형질차가 적어 종균일성이 뛰어난 것이 실험용으로 선택되는 중요한 이유 중 하나라고 알려져 있다.
5 수지 오바크(김명남 옮김), 『몸에 갇힌 사람들: 불안과 강박을 치유하는 몸의 심리학』, 창비, 2011.
6 김관욱, 『아프지 않았으면 좋겠습니다: 무감각한 사회의 공감 인류학』, 인물과사상사, 2018.
7 한겨레21(김현대 기자, 2017년 6월 8일 기사), 「개돼지만도 못한 죽음」(출처: https://h21.hani.co.kr/arti/cover/cover_general/43658.html)
8 자세한 내용은 다음의 글을 참고하기 바란다. 김여란, 「돼지 똥물에서 죽은 동생을 위하여 8화. '무례하고 평범한 돼지 농장주'」(출처: https://storyfunding.kakao.com/episode/26846)
9 Holmes, Seth M. Fresh fruit, broken bodies: Migrant farmworkers in the United States. Vol.27 Univ of California Press, 2013.
10 김관욱, 『사람입니다, 고객님: 콜센터의 인류학』, 창비, 2022, 215-216쪽.
11 2011년 국가인권위원회에서 발간한 『감정노동자를 위한 인권개선 가이드라인』에 나온 삽화이다.
12 김관욱, "'미소띤 ARS': 메를로퐁티의 몸 현상학으로 본 콜센터 여성상담사의 감정 '이상의' 노동," 『한국문화인류학』(2018), 51(1): 51-96, 78-79쪽.
13 Kleinman, Arthur, 1994, "Pain and Resistance: The Delegitimation and Relegitimaton

of Local Worlds," Pain as Human Experience: An Anthropological Perspective, Berkeley: University of California Press, pp.169-197.
14 로버트 머피, "6장 사회적 만남들: 미국 사회의 침묵하는 몸", 베네딕테 잉스타, 수잔 레이놀스 휘테 엮음(김도현 옮김) 『우리가 아는 장애는 없다: 장애에 대한 문화인류학적 접근』, 그린비, 2011, 261쪽, 290쪽.
15 메이, "'병자 클럽'의 독서: 아픈 사람의 이야기를 읽는 아픈 사람들", 메이 엮음, 『새벽 세 시의 몸들에게』, 봄날의책, 2020, 158쪽.
16 일라이 클레어(전혜은, 제이 옮김), 『망명과 자긍심: 교차하는 퀴어 장애 정치학』, 현실문화, 2021, 231면.
17 일라이 클레어, 앞의 책, 55, 57, 58쪽.
18 일라이 클레어, 앞의 책, 43-47쪽.
19 일라이 클레어, 앞의 책, 196쪽.
20 일라이 클레어, 앞의 책, 264-265쪽.
21 일라이 클레어, 앞의 책, 277쪽.
22 일라이 클레어, 앞의 책, 271-272쪽.
23 일라이 클레어, 앞의 책, 193쪽.

3. 문화적 시간이 흐르는 몸, 드라마가 되다

1 아놀드 반 겐넵(전경수 옮김), 『통과의례, 을유문화사, 2000.
2 Thomassen, Bjørn. 2016. Liminality and the modern: Living through the in-between. Routledge. 34쪽.
3 아놀드 반 겐넵, 앞의 책, 30-32면, 52쪽.
4 아놀드 반 겐넵, 앞의 책, 250쪽.
5 아놀드 반 겐넵, 앞의 책, 250쪽.
6 Thomassen, 앞의 책. 59쪽.
7 아놀드 반 겐넵, 앞의 책, 51쪽.
8 캐서린 벨(류성임 옮김), 『의례의 이해: 의례를 보는 관점들과 의례의 차원들』, 한신대학교출판부, 2013, 87쪽.
9 빅터 터너(이기우. 김익두 옮김), 『제의에서 연극으로』, 현대미학사, 1996
10 Thomassen, 앞의 책. 90쪽.
11 로버트 머피, "6장. 사회적 만남들: 미국 사회의 침묵하는 몸", 잉수타 & 휘테 엮음(김도현 옮김), 『우리가 아는 장애는 없다』, 그린비, 2011, 273쪽.
12 로버트 머피, 앞의 책, 281쪽.
13 로버트 머피, 앞의 책, 282-288쪽.
14 로버트 머피, 앞의 책, 291, 292쪽.
15 로버트 머피, 앞의 책, 297쪽.
16 쥬디스 버틀러(김윤상 옮김), "4장. 젠더는 불타고 있다: 전유와 전복의 문제들", 『의미를 체현하는 육체』, 인간사랑, 2003, 227-263쪽
17 해당 사진은 시사인(2017년 1월 6일자)에 실린 [올해의 사진] 〈힘없는, 너는 나다〉 제목의 사진이다. 출처: https://www.sisain.co.kr/news/articleView.html?idxno=27949
18 빅터 터너(이기우. 김익두 옮김), 『제의에서 연극으로』, 현대미학사, 1996.
19 빅터 터너, 앞의 책, 119쪽.
20 빅터 터너, 앞의 책, 133쪽.
21 김관욱, ""그래도 우리는…한다": 코로나19 사태 속 이주노동자의 의례적 퍼포먼스에 대한 고찰," 『한국문화인류학』(2022) 55(2): 133-182.
22 김관욱, ""뭐라도 하려는" 그녀들: 팬데믹 시기 콜센터 여성상담사의 노동쟁의 속 정동정

치," 『한국문화인류학』(2023) 56(1): 87-138.

나오며

1 Biehl, João. "Ethnography in the Way of Theory." Cultural Anthropology 28.4 (2013): 573-597.
2 마수미, 브라이언(조성훈 옮김), 『정동정치』, 서울: 갈무리, 2018, 65쪽.